I0392172

LES

QUATRE FILS AYMON,

OPÉRA-COMIQUE EN TROIS ACTES,

PAR MM. DE LEUVEN ET BRUNSWICK,

Représenté pour la première fois, à Paris, sur le théâtre royal de l'Opéra - Comique,
le 15 juillet 1844.

PERSONNAGES.	ACTEURS.
LE BARON DE BEAUMANOIR.......................	M. CROLLET.
OLIVIER,	M. MOCKER.
RICHARD,	M. EMON.
ALLARD, } quatre frères,................	M. SAINTE-FOY.
RENAUD,	M. GIRAUD.
YVON, majordome des quatre frères..............	M. HERMANN-LÉON.
MAITRE BAUDRIOT, homme de loi..................	M. DUVERNOY.
HUBERT, majordome du baron de Beaumanoir...........	M. DAUDÉ.
HERMINE, fille du baron de Beaumanoir................	Mlle DABCIER.
CLAIRE,	Mme HENRI-POTIER.
YOLANDE, } nièces du baron de Beaumanoir........	Mme FÉLIX-MÉLOTTE.
EGLANTINE,	Mme SAINTE-FOY.
GERTRUDE, vieille servante..................	Mme BLANCHARD.
UN ENVOYÉ DU DUC DE BRETAGNE..................	M. BESSIN.

SEIGNEURS. — VASSAUX du baron de Beaumanoir.
VARLETS, etc.

ACTE PREMIER.

Au castel de la Roche-Aymon.

Le théâtre représente une salle gothique, avec arceaux au fond ouverts sur des glacis. Fenêtre à droite; portes latérales. Aux murailles sont appendus une longue épée, un luth, des bannières. A droite, un grand coffre-fort en fer; table et chaises gothiques.

SCÈNE I.

YVON, seul.

INTRODUCTION.

(Au lever du rideau, il ne fait pas encore jour. Yvon entre par la gauche, tenant une lanterne qu'il pose sur la table. Puis il s'approche de la fenêtre, et chante à haute voix :)

Sentinelles!
Sentinelles!

Prenez garde à vous!
Garde à vous!

(Allant au fond.)

Sentinelles!
Sentinelles!
Prenez garde à vous!
Garde à vous!
Veillez du haut de ces tourelles,
A vos devoirs soyez fidèles;
La lance au poing, veillez sur nous!

(Allant d'un autre côté.)

Sentinelles !
Sentinelles !
Prenez garde à vous !
Garde à vous !

(Il revient sur le devant du théâtre.)

De ce noble castel, qui domine la plaine,
Jusqu'aux hameaux lointains ma voix sonore et pleine,
    Chaque nuit,
    Ainsi retentit !
Nous n'avons pas ici de sentinelles ;
Dans ce castel, pas un soldat, ma foi !
  En fait de serviteurs fidèles,
    En ces lieux, je ne voi
    Que moi !
    Mais il faut qu'on pense,
    Qu'au château d'Aymon,
    Guerriers d'importance
    Tiennent garnison.
    Oui, pour notre gloire,
    Il faut faire croire
    Aux manans, là-bas,
    Que notre noblesse,
    Jointe à la richesse,
    Ne se dément pas.
    Conservons le lustre
    De notre maison,
    Et l'éclat illustre
    De notre blason.
  Gloire ! honneur au nom,
    Au bon nom
    D'Aymon !
Mais déjà le ciel se colore ;
Ici, pour les abuser tous,
Demain, je veux redire encore :
Sentinelles, garde à vous !
    Car il faut qu'on pense
    Qu'au château d'Aymon,
    Guerriers d'importance
    Tiennent garnison !
  Gloire, honneur au nom,
    Au beau nom
    D'Aymon !

(Le jour est venu.)

Oui, oui, j'ai réussi... notre réputation de richesse... (On entend à l'extérieur un son de cor.) Qu'entends-je ? que signifie ? Quelque pèlerin, quelque voyageur égaré qui demande l'hospitalité !... Qu'il aille frapper à une autre porte ! La poterne ne s'ouvrira pas pour lui ! C'est l'ordre formel que j'ai donné à dame Gertrude, notre vieille servante. (Allant à la fenêtre.) Nul étranger ne doit pénétrer encore au château de la Roche-Aymon jusqu'à ce que mes jeunes maîtres... Que vois-je !.. Misérable Gertrude ! elle se dirige vers la poterne !... oui... malgré ma défense !... (Appelant.) Gertrude ! dame Gertrude !.. Ah ! elle m'a entendu !... elle vient ici... L'imprudente ! par sa coupable négligence, elle allait compromettre l'honneur de la noble famille Aymon... (Appelant.) Gertrude !...

SCÈNE II.

YVON, GERTRUDE.

GERTRUDE, entrant.

Me voici, maître Yvon, me voici !...

YVON.

Qu'allais-tu faire ? ouvrir les portes !... me désobéir !..

GERTRUDE.

Dame ! maître Yvon, on demandait à entrer... l'hospitalité...

YVON.

Quand nous serons riches, très bien !... jusque là, ne détruisons pas notre ouvrage ! Depuis un an, depuis la mort de redoutable et redouté duc Aymon, notre maître, que de soins, que de peines n'ai-je pas pris pour qu'à vingt lieues à la ronde on ne se doutât pas de la pénurie où nous a laissés le défunt ! J'ai congédié tous les gens du château, en leur disant qu'il fallait faire place à de nouveaux hommes d'armes qui ne tarderaient pas à arriver... Ensuite, j'ai levé tous les ponts, fermé toutes les poternes... Depuis un an, âme qui vive n'a pénétré ici, et à toutes les questions qu'on a pu me faire, lorsque je descendais au village, je répondais toujours que la volonté du défunt était que le château restât fermé pendant un an, sans que personne pût en sortir, et qu'un approvisionnement considérable avait été fait pour la garnison nouvelle, qui était arrivée pendant la nuit.

GERTRUDE.

Je sais tout cela... Mais croyez-vous qu'on ait ajouté foi à de telles histoires ?..

YVON.

Je n'en doute pas.

GERTRUDE.

Parce que toutes les nuits vous courez de muraille en muraille, en criant à tue-tête : « Sentinelles, prenez garde à vous ! sentinelles !... » il n'y a plus moyen de dormir ! Vous êtes un véritable oiseau de nuit ! Et pourquoi tant de peines ? pourquoi tous ces mensonges ?...

YVON.

Je vous l'ai dit cent fois, dame Gertrude, on ne devait pas supposer que nous étions déchus ! Pour mieux cacher notre misère, n'avons-nous pas vécu de racines arrachées dans notre jardin, d'oiseaux aquatiques pris au filet dans les fossés du château ? Mais, du moins, l'honneur du nom a été sauvé !

GERTRUDE.

Aujourd'hui même, Dieu merci ! ce régime-là va finir !

YVON.

Oui, dame Gertrude ! aujourd'hui, c'est le grand jour ! c'est le jour fixé pour le retour des quatre fils de notre glorieux maître !... Après une année d'absence exigée par leur noble père, ils reviennent au manoir de leurs ancêtres !...

Nous ouvrirons ce précieux coffre de fer qui renferme l'héritage des quatre fils Aymon !... Nous allons avoir de l'or ! de quoi lever bannière ! nous aurons des servans d'armes, des écuyers !... enfin de quoi soutenir l'honneur du nom ! C'est tout ce que je demandais au ciel !

(En ce moment on entend à l'extérieur une sonnerie de cor.)

GERTRUDE.

Écoutez !

YVON.

Je ne me trompe pas !... oui, c'est l'air favori que mes jeunes maîtres faisaient toujours entendre lorsqu'ils rentraient au château... Gertrude, vite, vite, il faut abaisser les ponts, ouvrir toutes les portes !

GERTRUDE, sortant.

Oui, maître Yvon.

YVON, seul.

Ah ! mon Dieu ! la joie !... le saisissement !... je me soutiens à peine... Cependant le devoir m'oblige d'aller au-devant... (Il s'arrête.) Impossible !... Ah ! cela se comprend !... mes jeunes maîtres ! les revoir, après une longue année d'absence !... (A la fenêtre.) Oui, oui, les voilà bien tous les quatre. Quelle joie dans leurs regards !... ils viennent... ils accourent !... Les voici ! les voici !...

SCÈNE III.

YVON, ALLARD, OLIVIER, RICHARD, RENAUD.

(Sur une ritournelle vive et brillante, les quatre frères entrent et vont presser la main d'Yvon, qui se précipite à leurs pieds.)

QUINTETTE.

TOUS.

Heureux cent fois le jour qui nous rassemble !
Qu'il soit fêté comme un jour solennel ;
Quel bonheur de revoir ensemble
Le toit paternel !

ALLARD.

La course achevée,
Le ciel soit béni,
La jeune couvée
Revient à son nid.

RENAUD.

Quel plaisir j'éprouve !
Accord fraternel !
Chacun se retrouve
Présent à l'appel.

OLIVIER.

Le seul bien suprême,
Pour mon cœur charmé,
Est aux lieux que j'aime,
Où je suis aimé !

RICHARD.

Salut, ô murailles

Où tant de héros,
Après vingt batailles
Goûtaient le repos !

YVON, les regardant avec attendrissement.

Leur verte jeunesse
Ranime mes sens ;
C'est pour ma vieillesse
Soleil de printemps !

TOUS, avec transport.

Heureux cent fois le jour qui nous rassemble !
Qu'il soit fêté comme un jour solennel !
Quel bonheur de revoir ensemble
Le toit paternel !

OLIVIER, à Yvon.

Tu le vois, mon vieil ami, aucun de nous ne manque au rendez-vous... Chacun s'est rappelé les dernières paroles de son noble père, et la même heure nous a réunis tous les quatre à la porte du château.

YVON.

C'est bien à vous, Messires, et le ciel vous bénira, de montrer un tel respect pour les volontés du noble duc !...

ALLARD.

Je les révère d'autant plus, qu'en m'y soumettant je viens chercher ici le repos et l'abondance... Depuis un an, j'ai manqué de l'un, et j'ai été privé de l'autre... Singulière idée qu'il a eu là, notre illustre père !.. Nous ordonner de quitter le château, le lendemain de sa mort...

OLIVIER.

De prendre quatre routes différentes...

RICHARD.

Et de courir le monde pendant un an, en cachant notre noble nom.

ALLARD.

Voyager pauvrement une année entière, vivre de privations, quand il nous revenait un riche héritage !..

RENAUD.

Ah ! je brûle d'ouvrir le coffre qu'il nous a laissé !..

OLIVIER.

Tu as raison... Nous y trouverons sans doute quelque écrit qui nous expliquera pourquoi notre père nous a fait ainsi voyager.

RENAUD.

Oui, voyons vite ce coffre.

OLIVIER.

Pourquoi tant se presser ?.. Nous ne devons l'ouvrir qu'à l'heure de midi... L'ordre du père est formel, vous le savez...

RENAUD.

Encore une heure d'attente !..

ALLARD.

Mettons-la à profit... Depuis hier, je n'ai fait que marcher, et je meurs de faim et de soif !

OLIVIER.

Et nous de même.

ALLARD.

Or donc, avant tout, je propose de déjeuner.

OLIVIER.

Accepté !

TOUS.

A table ! à table !

ALLARD, à Yvon.

Tu l'entends, mon brave Yvon. Va vite... descends aux cuisines... mon Dieu ! pas de cérémonies...

OLIVIER.

Sers-nous ce que tu as.

YVON.

Ah ! oui, ce que j'ai... c'est que je n'ai rien.

TOUS.

Rien?..

OLIVIER.

Pas même d'argent ?

YVON.

Pas d'argent !..

RENAUD.

Alors, mes frères, mettons la main à l'escarcelle...

ALLARD.

Dites donc, mes amis, arrangez-vous tous les trois, faites comme si je n'étais pas là.

OLIVIER.

Ma foi ! mes frères, je dirai comme Allard, considérez-moi comme absent.

RENAUD.

Ah ! par exemple !.. C'est donc ce pauvre Richard tout seul qui va payer ?..

RICHARD, à Renaud.

Sur mon honneur ! je ne comptais plus que sur toi.

ALLARD, piteusement.

Yvon, tu vas donc nous laisser mourir de faim ?

YVON.

Par nos aïeux ! il n'en sera point ainsi !.. Je ne veux pas que mes jeunes maîtres manquent de quelque chose, le jour de leur glorieuse arrivée !.. Je descends au village, et je trouverai moyen de lever quelque dîme, quelque impôt sur ces manans, sans tacher notre blason.

ALLARD.

Dépêche-toi, Yvon, et que le ciel t'entende !

YVON.

Je reviens à l'instant.

(Il sort.)

SCÈNE IV.

LES MÊMES, excepté YVON.

OLIVIER.

Brave et fidèle serviteur !.. Combien il a dû souffrir pendant notre absence !.. seul, manquant de tout...

ALLARD, s'asseyant.

Et moi, donc !.. j'ai peut-être plus souffert que lui.

OLIVIER, riant.

Oh ! je te crois, mon pauvre frère, car je connais tes penchans... le repos, le sommeil, les plaisirs de la table... Eh bien ! pour moi, mes amis, cette année a été une suite d'enchantemens !.. Je n'ai pensé qu'à une chose... aux damoiselles, aux bachelettes, à l'amour !.. Mais, comme il me fallait être de retour ici à jour fixe, je tâchais de soupirer le moins long-temps possible.

RICHARD.

Et tu reviens à nous sans avoir une dame de tes pensées, sans amour au cœur ?..

OLIVIER.

Oh ! si fait... Et, cette fois, je suis épris pour la vie !.. La plus jolie châtelaine !.. Des yeux ! un esprit ! un cœur !..

RENAUD.

Et cette belle, tu l'as rencontrée ?..

OLIVIER.

En revenant ici... chez son père, qui habite depuis trois mois seulement, ce superbe domaine que vous voyez tout là-bas, sur la montagne...

ROMANCE.

Premier couplet.

L'heure du soir était venue,
L'orage alors grondait au ciel ;
L'éclair déjà fendait la nue !
Je frappe à l'huis du vieux castel.
Le châtelain, dur et sévère,
Me crie : Ailleurs, portez vos pas.
Mais, sa fille, ange tutélaire !
Me dit tout bas : Ne partez pas !
Ne partez pas !

Deuxième couplet.

Conduit dans une humble tourelle,
Je m'endormis d'un doux sommeil,
En rêvant à la damoiselle
Qui m'apparut à mon réveil !
Mais il fallut m'éloigner d'elle !
J'aurais donné ma vie, hélas !
Pour que ta voix, fille si belle !
Redit tout bas : Ne partez pas !
Ne partez pas !

ALLARD.

Charmante jouvencelle !.. Comment, elle a eu tant de soins pour toi !.. Tu fais bien de l'aimer, Olivier... de telles femmes sont rares !..

Je n'en ai pas trouvé une pareille, moi... et, cependant, j'ai fait aussi, il y a trois mois, une rencontre amoureuse...

OLIVIER.

Toi?

ALLARD,

Oui, une jeune châtelaine... dans une hôtellerie, sur la route qui conduit à Rennes... Mon esprit... le charme de ma conversation l'avaient sans doute captivée, car elle daigna deviser avec moi quelque temps... Je n'osai pas cependant lui demander son nom... il aurait fallu lui dire le mien, et je me rappelais la défense de notre père... Mais je ne craignis pas, lorsqu'elle se disposait à remonter dans sa litière, de fléchir le genou devant elle et de lui remettre mon anneau de chevalier, en lui disant : Noble damoiselle, acceptez ce gage, et, si jamais le hasard nous rapproche et que vous ayez besoin de moi, présentez-moi cet anneau, et je vous dévoue mon cœur, mon bras et mon épée!

RENAUD.

C'est singulier!.. à moi la même aventure... sur la route de Rennes.

RICHARD.

Par Notre-Dame-de-Liesse! voilà qui est miraculeux!.. Moi aussi... sur le même chemin, même rencontre... Voyez, mes frères... à mon doigt manque l'anneau de chevalier.

OLIVIER.

Serait-ce la même femme?... (A Allard.) Voyons, dans quelle hôtellerie l'as-tu rencontrée?..

ALLARD.

A la Branche de Houx, près de Laval.

RENAUD.

Moi, près de Montfort.

RICHARD.

Moi, près de Mayenne.

OLIVIER.

Alors, ce n'est pas la même femme.

SCÈNE V.

LES MÊMES, YVON.

YVON.

Victoire! victoire! mes jeunes Seigneurs!.. vous aurez un repas digne de vous!

OLIVIER.

Mais comment as-tu fait?

YVON.

Je passais devant la maison de la mère Kerkaradec... elle sortait du four un pâté de gibier digne de la table de notre bien-aimé duc de Bretagne! « Ce pâté est à nous, la mère, dis-je, en m'en emparant. Les pluviers et le lièvre qu'il renferme ont été tués sur nos terres, je les reconnais à leur fumet!.. » Je revenais, en courant, au château, lorsqu'en tournant la métairie

de Pierre Landry, j'avise une oie superbe qui s'ébattait le long d'une haie... Je m'approche doucement, elle s'enfuit; j'avais mon arbalète, je lui décoche une flèche, elle tombe, je m'en empare... quand Pierre Landry accourt et veut reprendre mon gibier, en criant que c'était son bien, une oie domestique. « Une oie domestique!.. Arrière, manant, lui dis-je... la bête est bien sauvage, et, la preuve, c'est qu'elle s'est enfuie à mon approche. »

OLIVIER, riant.

L'argument est sans réplique.

YVON.

Aussi n'a-t-il pas répliqué... La vieille Gertrude vient d'allumer grand feu... dans une heure, vous allez être servis.

ALLARD, consterné.

Encore une heure!..

(On entend au loin tinter une cloche.)

CHANT.

YVON.

Mais au couvent, là-bas, là-bas, la cloche sonne
Pour les oraisons de midi!

TOUS.

Il est midi!

OLIVIER.

De notre père, amis, la parole l'ordonne,
Que le coffre soit vite ouvert ici.

YVON, montrant le coffre à droite.

Le voici!
Que par l'aîné de la famille,
Le scellé paternel, sur le coffre apposé,
Soit brisé!

TOUS.

Soit brisé!

ALLARD.

Quel plaisir de voir l'or qui brille,
Quand la bourse, par maint échec,
Est à sec!

TOUS.

Ouvrons, ouvrons, sans plus attendre.
Cet héritage, il est à nous!
Ouvrons, ouvrons, car il va rendre
Bonheur, espoir, splendeur à tous!

(Pendant cet ensemble, Olivier a brisé le scellé et soulève le couvercle.)

TOUS.

Il est ouvert!

RENAUD, vivement.

Eh bien! mon frère?
Que vois-tu? dis-nous vite... eh bien?

OLIVIER.

Rien!

LES TROIS FRÈRES, avec désespoir.

Rien!

YVON.

Rien!

OLIVIER, tirant du coffre un parchemin roulé.

Rien qu'un écrit...

TOUS.

De notre père !..

ALLARD, avec joie.

Ah ! cet écrit-là
Nous dira
Où le trésor se trouvera.

TOUS.

Lisons, lisons, sans plus attendre...
Cet héritage, il est à nous !
Lisons, lisons, car il va rendre
Bonheur, espoir, splendeur à tous !..

(L'orchestre s'arrête.)

OLIVIER, lisant le parchemin.

« Mes chers et amés enfans, il vous eût été
»trop cruel d'avoir à supporter, le même jour,
»la douleur de me perdre et la nouvelle de vo-
»tre ruine totale... C'est pourquoi je vous ai
»ordonné de voyager toute une année... Ainsi,
»je vous ai habitués peu à peu aux besoins, aux
»privations, et le désespoir n'a pu s'emparer
»de vous... Maintenant, je ne crains plus de
»vous avouer que vous ne possédez rien que le
»vieux château d'Aymon, un nom sans tache,
»une vaillante épée, un cheval, un manteau et
»une couronne ducale... Qu'un de vous s'en
»empare... qu'avec l'épée de la famille il réta-
»blisse la splendeur de sa maison, et qu'ensuite
»il partage avec ses frères. Aimez-vous tou-
»jours... votre union vous rendra tout ce qui
»vous manque... Adieu ! »

SUITE DU CHANT.

OLIVIER.

Qu'ai-je lu ?..

TOUS.

Se peut-il ?..

ALLARD.

Quelle cruelle atteinte !

OLIVIER.

Mes frères, mes amis, pas d'inutile plainte...
Que les conseils du père, en tous points, soient suivis.
Nous nous trouverons bien de ses sages avis.
Jurons, jurons, jurons
Que nous nous soutiendrons !
Oui, d'une ardeur commune,
Poursuivons la fortune;
Le premier qui la saisira,
En bon frère partagera.
Notre avenir sera prospère !
L'espoir en mon cœur est rentré.
Sur la tombe de notre père
Allons renouveler notre serment sacré !

ENSEMBLE.

LES QUATRE FRÈRES.

Jurons, jurons, jurons, etc.

YVON.

Jurez, jurez, jurez

Que vous vous soutiendrez !
Oui, d'une ardeur commune,
Poursuivez la fortune !
Le premier qui la saisira,
En bon frère partagera.

(Les quatre frères sortent par le fond en se tenant par la main.)

SCÈNE VI.

YVON, seul ; puis, LE BARON DE BEAU-MANOIR.

YVON, regardant le coffre.

Rien !.. plus rien pour soutenir l'éclat de no-tre nom !.. Qu'allons-nous devenir ?.. Malgré tous mes efforts, notre misère ne peut tarder à être connue; chacun nous raillera de n'avoir ici ni pages, ni varlets. Oh ! mais, tant que je vivrai, je soutiendrai, mordieu ! que nos coffres sont pleins, et que, si le château ne renferme abso-lument que les maîtres, c'est qu'ils ont, tous quatre, fait vœu d'humilité !

LE BARON, en dehors.

C'est bien, c'est bien, mon enfant... je te re-joins dans un instant... Que les gens de ma suite attendent dans les cours du château !

YVON, allant regarder.

Le sire de Beaumanoir, notre riche voisin !.. Une pareille visite, dans un tel moment !.. Du premier coup-d'œil il va s'apercevoir de notre misère...

LE BARON, entrant.

Ah ! voilà quelqu'un à qui parler... Êtes-vous du château, bonhomme ?

YVON.

C'est Yvon, le majordome de la très noble famille Aymon, qui a l'honneur de saluer le haut et puissant baron de Beaumanoir !

LE BARON.

Ah ! tu me connais... c'est à merveille !.. Je te dirai donc, sans préambule, que ma fille et moi nous nous sommes laissé entraîner par l'ardeur de la chasse, et qu'il nous serait impossible de retourner à notre manoir avant d'avoir fait un bon déjeuner, vu que mon château est à trois lieues d'ici, et que, moi et ma suite, nous mou-rons de faim !..

YVON, avec effroi.

Vous voulez déjeuner, Messire ?

LE BARON.

Entre nobles voisins, cela se demande sans hésiter.

YVON.

Certes, ce nous est un très doux devoir à rem-plir... (A part.) Allons, mes jeunes maîtres ne mangeront pas aujourd'hui... (Haut.) Je me mets à la disposition de votre seigneurie; que désire-t-elle ?.. Elle n'a qu'à ordonner, et le maître-queux...

LE BARON.

Dis-moi... c'est aujourd'hui que doit avoir lieu l'ouverture du coffre laissé par le noble duc Aymon?..

YVON.

Oui, Monseigneur... Mais comment savez-vous?..

LE BARON.

Plus tard, je te dirai pourquoi je te questionne ainsi... Et à quelle heure doit-on savoir ce que renferme ce précieux coffre?..

YVON.

On le sait déjà, Messire.

LE BARON, vivement.

On le sait déjà, dis-tu?.. Fort bien... Que contenait-il?..

YVON, à part.

Eh! mais, il a une fille à marier...

LE BARON.

Réponds! que contenait ce coffre?

YVON.

Que pouvait-il contenir, si ce n'est de l'or!

LE BARON.

Beaucoup?..

YVON, après un moment de réflexion.

Assez pour acheter la moitié du duché de Bretagne!

LE BARON.

Diable! voilà une riche dot à apporter en mariage!

YVON, à part.

Bravo!.. Il y vient de lui-même!..

LE BARON.

Cependant le vieux duc aimait également ses enfans, m'a-t-on dit... Or, il aura exigé le partage, sans doute... et la somme, quelque grande qu'elle soit, partagée entre quatre fils... tu comprends?..

YVON, froidement.

C'est vrai; mais il n'y en a plus qu'un.

LE BARON.

Les trois autres sont morts?..

YVON.

Hélas!

LE BARON.

Où cela?

YVON.

En guerroyant... à l'étranger...

LE BARON.

Que Dieu prenne en pitié leurs âmes!.. Mais le bienheureux survivant ne doit pas moins remercier le ciel de l'avoir rendu seul maître d'une si grande fortune, qui le met à même, maintenant, d'aspirer à la main de toute noble jeune fille.

YVON.

A vous parler vrai, Messire, je crois mon jeune et noble maître très disposé à ne pas laisser s'éteindre son nom.

LE BARON.

Il fera bien... et je pense qu'il trouvera partout un accueil favorable... Maintenant, songeons au déjeuner.

YVON.

Ah! vous voulez toujours?..

LE BARON.

De plus en plus... Je change rarement d'idée lorsqu'il s'agit de me mettre à table... D'ailleurs, le jeune duc Aymon viendra m'y tenir compagnie, je l'espère... Va le prévenir que j'attends cet honneur.

YVON.

Oui, Messire. (A part.) Courons avertir mes maîtres... S'ils n'étaient pas prévenus...

LE BARON, montrant Hermine, qui entre par le fond à droite.

Tiens, voici ma fille, qui, comme moi, doit s'impatienter...

YVON, à part.

Oh! la jolie personne!.. (Saluant Hermine.) Noble damoiselle!..

(Il sort par la gauche.)

SCÈNE VII.

LE BARON DE BEAUMANOIR, HERMINE, en riche costume de chasse.

HERMINE, à Beaumanoir, qui s'est assis.

Eh bien! mon père... Mais, que faites-vous là?..

LE BARON.

Tu le vois... je me repose... Je suis horriblement fatigué!

HERMINE, avec impatience.

Mais notre chasse sera manquée... le cerf nous échappera... La plus noble bête!... un cerf dix cors!

LE BARON.

Quand il en aurait quarante cors... que le diable l'emporte, ton cerf! voilà trois heures qu'il se fait courir... Je n'ai jamais vu d'animal moins civilisé!..

HERMINE.

Montée sur mon genêt d'Espagne, je saurai bientôt l'atteindre... dussions-nous sauter par dessus toutes les barrières et franchir tous les fossés!

LE BARON.

Oh! je m'en rapporte à toi... mais aujourd'hui nous calmerons, s'il vous plaît, cette ardeur de chasse et de carnage. On restera à côté de son bon petit père, et on partagera le repas que l'on va lui servir.

HERMINE.

Y songez-vous? Vous ne connaissez pas, que je sache, le maître de ce château?

LE BARON.

Eh bien? n'est-il pas dans mes habitudes d'accepter l'hospitalité chez mes voisins, toutes les fois que la chasse m'entraîne près de leurs manoirs... et je chasse tous les jours... Aujourd'hui, je tiens à n'y pas déroger... aujourd'hui surtout... Oui, je veux que tu voies le duc Aymon...

HERMINE.

Et pourquoi cela?

LE BARON.

J'ai là, dans ma tête, certain projet qui te comblera de joie... mais il me faut encore de la prudence... du mystère... plus tard, je te dirai...

HERMINE.

C'est inutile... je sais tout...

LE BARON.

Impossible!

HERMINE.

Un mot va vous le prouver... Je n'épouserai pas le sire Aymon.

LE BARON.

Hein? Comment?.. Qui t'a appris?..

HERMINE.

Les quelques mots que vous venez de me dire...

LE BARON, jouant le dépit.

Je ne peux jamais rien te cacher!

HERMINE, malicieusement.

Surtout quand vous voulez que je devine.

LE BARON.

Allons, puisque tu sais tout, je ne dissimulerai rien... J'ai dirigé la chasse de ce côté, tout exprès... oui, à cause de mon plan... Nous éloigner, maintenant, serait manquer au cérémonial, aux bienséances... car le maître de céans doit être prévenu de notre arrivée. Te voilà donc contrainte de m'obéir et de te laisser présenter au sire Aymon... On m'assure qu'il est fort riche... C'est le gendre qu'il me faut.

HERMINE.

Savez-vous si c'est le mari qui me convient? Savez-vous si le duc possède les qualités qui pourraient me rendre heureuse?

LE BARON.

Un seigneur aussi opulent doit les avoir, c'est positif... D'ailleurs, qu'est-ce que je demande dans un gendre? Un coffre bien lourd, bien garni!.. Tant de pères exigent des vertus sans nombre... Je n'en veux qu'une, moi, et je ne m'inquiète pas des autres... Que diable! je suis accommodant, ce me semble!.. De son côté, le sire Aymon ne s'inquiètera guère de ce que je te donnerai en mariage... Voilà pourquoi je tiens tant à ce qu'il entre dans ma famille.

HERMINE.

Eh bien! offrez-lui la main d'une de mes cousines... il deviendra votre neveu.

LE BARON.

Le sort de mes trois nièces est depuis longtemps fixé... Elles prendront le voile!.. c'est leur vocation.

HERMINE.

Vocation forcée, je vous assure.

LE BARON.

C'est ce qui te trompe.

HERMINE.

Elles pleurent toujours lorsqu'elles retournent au couvent.

LE BARON.

C'est de joie.

HERMINE.

Mais quand je suis contente, je ris, moi!..

LE BARON.

Ma chère amie, ça dépend des caractères. Il y a des gens chez lesquels le bonheur se traduit par des larmes... chez d'autres, c'est tout contraire... Tiens, moi, quand je suis obligé de recevoir quelque noble voisin dans mon castel, de l'héberger, de le bien traiter, j'ai l'air enchanté, n'est-ce pas?.. Eh bien! au fond, je suis très contrarié. Il ne faut pas s'en rapporter au visage...

HERMINE.

Ainsi donc, mes cousines...

LE BARON.

Prononceront leurs vœux... irrévocablement.

HERMINE.

Alors, je ne me marierai pas... irrévocablement... Oh! notre complot a été bien ourdi!.. « Rassurez-vous, leur ai-je dit, un jour, en » voyant leur désespoir; mon père veut me ma- » rier avant tout... c'est son seul but, sa seule » pensée... Eh bien! je ferai le serment de ne » pas accepter d'époux, avant que chacune de » vous n'en ait trouvé un... De cette façon, mon » père sera bien obligé de vous faire sortir du » couvent. » Voilà ce que j'ai fait... il n'y a plus à revenir là-dessus... Si vous voulez trouver un gendre, il faut d'abord chercher trois neveux.

LE BARON.

Je n'en chercherai pas un... pas le plus petit, vû que c'est inutile... Tu n'as fait ni serment, ni vœu... Ce que tu dis, c'est tout simplement pour me faire peur et me forcer à céder.

HERMINE.

Mais, du tout, je vous assure... c'est très sérieux!

LE BARON.

Quelque chose de sérieux dans cette tête-là?.. Laisse-moi donc tranquille!.. C'est comme la querelle que tu m'as faite à propos de cet aventurier que j'ai chassé, il y a quelques jours, de mon château, et qu'à mon insu tu as fait héberger ensuite comme un prince... Un vagabond!

HERMINE.

Mon père!.. oh! non... Son air est noble,

distingué... Je suis sûre qu'il est de haut lignage... Oh!... il m'a vivement intéressée.

LE BARON.

Beaucoup trop ! beaucoup trop !

SCÈNE VIII.

LES MÊMES, YVON.

YVON, à part.

Je n'ai pas retrouvé mes maîtres... je suis
d'une inquiétude !..

LE BARON.

Ah ! te voilà... Eh bien ?

YVON.

Tout est prêt, Messire, là, dans la grande
salle... (Beaumanoir veut y entrer, Yvon lui barre
le passage.) Vous pardonnerez au peu de cérémonie qui vous attend... Le sire Aymon a été
long-temps absent du château... Ses vases, son
argenterie, ses aiguières ont voyagé avec lui.
Impatient de revoir les lieux de son enfance, le
duc a pris les devants et a laissé gens et équipa-
ges à quelques lieues d'ici.

LE BARON.

N'importe : ton maître n'aurait ni meubles ni
argenterie, que cela ne ferait rien... On peut se
priver de tout quand on peut tout acquérir. Ça
revient au même... (A Hermine.) Viens, mon
enfant.

HERMINIE, bas.

Vous le voulez, mon père ?.. J'obéis... Mais,
je vous le répète, jamais le sire Aymon ne sera
mon époux !

LE BARON, bas.

Chut ! silence ! Mademoiselle... En sa présence, vous aurez la bonté d'être gracieuse, ai-
mable, charmante... comme vous l'êtes toujours... Ah! ah! je vous dirai aussi vos vérités,
moi !.. Venez, Mademoiselle.

YVON, désignant une salle.

Là, Monseigneur... J'ai mis dame Gertrude à
vos ordres... (A part.) Et je lui ai fait sa leçon.

(Beaumanoir et Hermine sortent.)

SCÈNE IX.

YVON, puis, OLIVIER.

YVON, seul, d'abord.

Où diable peuvent être mes jeunes seigneurs?
En tout cas, je les empêcherai bien d'arriver
jusqu'au Baron avant que je ne les aie avertis...
et en restant devant cette porte...

OLIVIER, entrant.

Ah! te voilà, Yvon! A déjeuner ! à déjeuner!
nous mourons de faim !

YVON.

Chut! chut! Messire... parlez plus bas...

OLIVIER.

Hein ? pourquoi ?

YVON.

Quelqu'un est là.

OLIVIER.

Qui ?

YVON.

Un de nos nobles voisins... Il pourrait nou
entendre.

OLIVIER.

Eh bien, il apprendrait que nous demandons
à déjeuner.

YVON.

Ah! c'est que, justement, il est à table.

OLIVIER.

Hein ?.. quoi ?.. notre repas...

YVON, levant les yeux au ciel.

Le seul, peut-être, que le ciel nous offrira de
long-temps !..

OLIVIER.

Et pourquoi t'es-tu permis ?..

YVON.

Pour sauver l'honneur de la famille... Et
puis, il a une fille à marier, Monseigneur...
Comprenez-vous, maintenant ?.. Il venait s'in-
former si le trésor laissé par le vieux duc était
considérable... Moi, pour le quadrupler, j'ai
tué trois de mes maîtres...

OLIVIER.

Comment! tu as osé... Au fait... tu peux
bien te permettre de les tuer, puisque tu veux
les faire mourir de faim !

YVON, avec exaltation.

Pour être ensuite plus riches... pour briller
d'un nouvel éclat.

OLIVIER, impatienté.

Mais que veux-tu dire ?

YVON.

Par le plus illustre mariage !

OLIVIER, riant.

Ah! ah! ah!.. Pauvre Yvon !.. Il arrange tout
cela avec une facilité et une confiance !.. Ce
serait très bien, si j'étais libre... mais j'ai juré
de n'aimer qu'elle...

YVON.

Qui, elle ?

OLIVIER.

Une jeune fille... un ange ! que je ne pourrai jamais oublier...

SCÈNE X.

LES MÊMES, LE BARON DE BEAUMANOIR,
HERMINE.

CHANT.

OLIVIER, avec transport.

Dieu ! qu'ai-je vu !

HERMINE.

C'est lui !

OLIVIER.

C'est elle !

C'est elle qui s'offre à mes yeux !
Pour mon cœur, ivresse nouvelle !

LE BARON et YVON, avec étonnement.

Ils se connaissent tous les deux !

HERMINE, à son père.

C'est lui, qui, dans notre demeure,
Secrètement, fut accueilli par moi !
Que vous disais-je tout à l'heure ?
C'est un noble seigneur !..

LE BARON.

Ma foi !

Fût-il noble comme le roi,
Comment deviner sa noblesse
Sous cet obscur et simple habit ?

OLIVIER, regardant Hermine.

Ah ! par sa grâce enchanteresse,
Elle me charme et me séduit !

HERMINE, à part.

Mais qu'ai-je fait ?.. vœu téméraire !..
Vœu fatal qui me désespère!
Quand à notre amour tout sourit.

ENSEMBLE.

OLIVIER, à part.

Quelle douce surprise,
Et quel jour de bonheur !
Le hasard favorise
Tous les vœux de mon cœur.

LE BARON et YVON, à part.

Quelle douce surprise !
Et quel jour de bonheur !
Le hasard favorise
Les projets de mon cœur !

HERMINE, à part.

Quand le sort favorise
Les désirs de mon cœur,
Faut-il qu'un vœu détruise
Pour jamais mon bonheur?

LE BARON, à Olivier.

Dans mon château, pourquoi vous rendre
Sous cet humble déguisement?
Monseigneur, quand vous pouvez prendre
Tout l'appareil du plus haut rang.

YVON, passant près de Beaumanoir.

Mon noble maître, pour lui-même
Désire être aimé...

LE BARON, riant, à Yvon.

J'ai saisi !..

C'est un amoureux stratagème...

(Montrant Olivier, qui cause avec Hermine.)

Et je crois qu'il a réussi.

YVON, avec joie.

Il se pourrait...

(A part.)

Merci, mon Dieu! merci !

(Regardant au fond avec inquiétude.)

Si les autres venaient ! ah ! tout serait fini!
Qu'ils apprennent par moi ce qui se passe ici.

ENSEMBLE.

LE BARON, OLIVIER, YVON, à part.

Quelle douce surprise!
Et quel jour de bonheur !
Le hasard favorise
Tous les vœux de mon cœur !

HERMINE, à part.

Quand le sort favorise
Les désirs de mon cœur,
Faut-il qu'un vœu détruise
Pour jamais mon bonheur,

(Après l'ensemble, Yvon sort vivement par le fond.)

LE BARON, à Olivier.

Ah ! pour réparer au plus vite
Et ma méprise et mon erreur,
Dans mon château, je vous invite
A venir demain, Monseigneur.
J'y veux donner brillante fête,
Afin de vous bien recevoir ;
En votre honneur que tout s'apprête
Au vieux castel des Beaumanoir.

OLIVIER, à Hermine.

Est-il un destin plus prospère ?
Demain, me trouver près de vous !

HERMINE, à part.

Vœu fatal qui me désespère,
Lorsque le bonheur s'offre à nous !

LE BARON, à Olivier.

Venez, à votre haut lignage
Tous mes vassaux rendront hommage !
Je vous attends demain matin,
A demain, mon noble voisin!
A demain, seigneur châtelain !

ENSEMBLE.

HERMINE, tristement.

A demain, seigneur châtelain,
A demain !

OLIVIER.

A demain, mon noble voisin,
A demain, seigneur châtelain,
A demain ?

LE BARON.

A demain !

(Beaumanoir prend la main d'Hermine. Ils sortent.
Olivier les reconduit par le fond à droite. Dès
qu'ils ont disparu, Richard, Renaud, Allard et
Yvon arrivent par la gauche.

SCÈNE XI.

OLIVIER, ALLARD, RICHARD, RENAUD, YVON.

OLIVIER, *courant à ses frères.*

Ah ! vous voilà, mes amis...

ALLARD.

Depuis un instant, nous attendions que tu fusses seul pour accourir près de toi, pour te féliciter.

OLIVIER, *gaîment.*

Quoi ! vous savez déjà ?..

ALLARD, *riant.*

Que maître Yvon, d'un coup de baguette, nous a fait mourir à la guerre, et que te voilà le seul héritier du nom et de l'immense fortune amassée par nos aïeux.

OLIVIER.

Ce cher Yvon ! sans lui, je n'aurais jamais pu espérer... Hermine serait à moi !.. Quelle joie pour mon cœur !.. quel avenir !..

YVON.

Allons, c'est bien convenu !.. Demain, vous vous présentez chez le baron, sans faste, sans grand appareil... On lui fera savoir que les gens de votre suite ne sont pas encore arrivés, et que vous êtes accompagné tout simplement de votre ménestrel, de votre écuyer, de votre trésorier et de votre majordome...

OLIVIER.

Mais, encore, où prendrai-je tout cela ?.. (*Montrant Yvon.*) Je vois bien le majordome, mais les autres...

YVON.

Les autres ? (*Montrant Allard.*) Voici, d'abord, votre trésorier !

RENAUD.

Vivat ! je comprends... Nous composons à nous quatre la suite du noble et puissant duc Aymon.

ALLARD.

C'est dit ! A toi, Olivier, l'épée, la couronne et le manteau ducals.

RENAUD.

A moi, le luth de ménestrel !

RICHARD.

A moi, la lance et la bannière de mon noble maître !

ALLARD.

A moi de porter son escarcelle !

OLIVIER, *riant.*

Charge qui ne te fatiguera guère.

YVON.

Ah ! quelle entrée magnifique nous allons faire au château des Beaumanoir !

FINAL.

TOUS.

C'est dit ! c'est entendu !

Oui, c'est bien convenu !
Par un brillant hymen
Changez votre
Changeons notre destin!
Et le bonheur, demain,
Va nous
Va vous tendre la main.

ALLARD.

Qu'une amitié sincère et pure
Nous enchaîne ainsi sans retour !

OLIVIER.

Afin que la race future,
Des quatre frères, dise un jour :

CHANSON.

Premier couplet.

Honneur et gloire
Aux quatre fils Aymon !
Que leur mémoire
Soit toujours en renom !
Honneur aux quatre fils Aymon !

Ils avaient beaucoup de noblesse...
Mais, pour soutenir dignement
Et leur maison, et leur grandesse,
Il leur manquait beaucoup d'argent.

TOUS.

Honneur et gloire
Aux quatre fils Aymon !
Que leur mémoire
Soit toujours en renom !..
Honneur aux quatre fils Aymon !

Deuxième couplet.

Pour aimer comme pour combattre,
Ils partaient tous d'un pas égal...
Qui voyait l'un, voyait les quatre...
Car ils montaient même cheval.

TOUS.

Honneur et gloire
Aux quatre fils Aymon !
Que leur mémoire
Soit toujours en renom !
Honneur et gloire
Aux quatre fils Aymon !

YVON.

Votre amitié, si peu commune,
Dans mon cœur vient de dissiper
Tout noir chagrin, toute idée importune...
A demain, pour vous la fortune !

OLIVIER.

A demain, pour nous la fortune !

TOUS.

A demain, pour nous la fortune !

ALLARD.

Oui, mais, ce soir, couchons-nous sans souper !

ENSEMBLE GÉNÉRAL.

Demain, c'est entendu !
Oui, c'est bien convenu.
Par un brillant hymen
Changeons notre
Changez votre destin.

Et le bonheur, demain,
Va nous tendre la main !

(Renaud prend un luth, Richard une lance et la ban-

nière des ducs Aymon, Allard une escarcelle, et
l'von présente à Olivier l'épée de la famille ainsi
que la couronne ducale, posée sur un coussinet
de velours. Le rideau baisse.)

FIN DU PREMIER ACTE.

●●●

ACTE II.

—

Au castel de Beaumanoir.

Les jardins du château. A droite, sur le premier plan, un bosquet de roses. A gauche, un bosquet de jasmin. Au milieu du théâtre, vers le fond, une petite tonnelle avec fleurs grimpantes. A droite, sur le second plan, l'entrée d'une tourelle. A gauche, près du bosquet, une table de pierre sur laquelle est tout ce qu'il faut pour écrire. Bancs, etc.

SCÈNE I.

LE BARON DE BEAUMANOIR, HUBERT,
son majordome; VARLETS et VASSAUX.

(Au lever du rideau, Hubert est assis près de la table de pierre, et se prépare à écrire.

CHŒUR.

En ce jour, une fête brillante
Va soudain enchanter ces beaux lieux !
En ce jour, une pompe éclatante
Doit charmer, éblouir tous les yeux.

LE BARON, à Hubert.

Majordome, que l'on s'apprête !
Afin d'éviter quelque oubli,
Que tous les détails de ma fête
Par vous soient bien notés ici.

AIR.

Que le faste et que l'élégance
Nous prêtent leur concours puissant ;
Que partout règne l'abondance !
Eh ! que m'importe la dépense !
Ne regardons pas à l'argent,
Je ne veux pas regarder à l'argent !

Pensons d'abord à l'harmonie...
Je veux des chants bien solennels,
Des accords pleins de mélodie !..
Il nous faut donc vingt ménestrels...

(A Hubert.)

Or, écrivez... vingt ménestrels.

(L'arrêtant.)

Un moment, un moment encore...
J'aime le chant, mais non le bruit...
Et mon castel est si sonore ?
Dix ménestrels... cela suffit...
Mettez en dix... cela suffit.

(Vivement.)

Attendez... attendez... Où donc ai-je l'esprit ?
De ces chanteurs, la chose est sûre,
L'amour-propre est si furieux,
Qu'au lieu de s'entendre, je jure
Qu'ils se battraient bientôt entre eux.
Pour éviter tant de folie
Et ce désaccord trop commun,
Pour mieux conserver l'harmonie,
Au lieu de dix... n'en mettons qu'un.

Que le faste et que l'opulence
Nous prêtent leur concours puissant !
Que partout règne l'abondance !
Eh ! que m'importe la dépense ?
Ne regardons pas à l'argent,
Je ne veux pas regarder à l'argent.

Pour le festin, point de parcimonie ;
Que le vin surtout coule à flots !
Je veux, dans ma châtellenie,
Qu'on mette à sec trente tonneaux !

(A Hubert.)

Or, écrivez... trente tonneaux

(L'arrêtant.)

Un moment... ah ! de la prudence !
Mon vin est fort... c'est un grand mal !...
S'il allait, j'en frémis d'avance,
Nuire à quelque pauvre vassal ?..
Trente tonneaux ! quelle lubie !
De mes gens risquer la santé !...
Deux suffiront bien, je parie...
Mettons deux... par humanité.

(L'arrêtant encore.)

Mais, non, une crainte soudaine
Me dit encor de m'arrêter...
Cette liqueur est si malsaine
Qu'on ne saurait trop l'éviter !
Dans mon parc, coule une fontaine,

Dont l'onde guérit tous les maux...
Je veux, j'entends qu'à tasse pleine
On laisse y boire mer vassaux !
Allez boire, joyeux vassaux !

Que le faste et que l'opulence
Nous prêtent leur concour puissant.
Que partout règne l'abondance !
Eh ! que m'importe la dépense ?
Ne regardons pas à l'argent !
Je ne veux pas regarder à l'argent !

REPRISE DU CHŒUR.

En ce jour, une fête brillante
Va soudain enchanter ces beaux lieux !
En ce jour, une pompe éclatante
Doit charmer, éblouir tous les yeux.

(Les vassaux et varlets sortent tous.)

SCÈNE II.

LE BARON DE BEAUMANOIR, HUBERT.

LE BARON.

Hubert, tu m'as entendu... exécute ponctuellement les ordres que je t'ai donnés... si, cependant, tu trouves que je me suis laissé entraîner trop loin par l'amour de l'hospitalité, je t'autorise à retrancher quelque chose de cette liste; les ménestrels, par exemple... supprime-z-en la moitié.

HUBERT.

Mais vous n'en avez mis qu'un !...

LE BARON.

Je laisse cela à ton dévouement. Va, Hubert, va.

(Hubert sort par la gauche. Hermine entre à droite.)

SCÈNE III.

LE BARON DE BEAUMANOIR, HERMINE.

LE BARON.

Ah ! voici ma fille... (La regardant.) Mais quels beaux ajustemens ! comme te voilà parée !

HERMINE, avec joie.

Ne va-t-il pas venir ?

LE BARON.

C'est juste, et, cette fois, je ne te blâmerai pas de ta coquetterie.

HERMINE.

Mais ce n'est rien que tout cela... il faut voir mes cousines ! comme elles sont gentilles maintenant ! je me suis plu à les embellir moi-même, j'ai choisi ce que j'avais de plus beau.

LE BARON.

Quoi ?.. leurs robes de couvent...

HERMINE.

Ces vilaines robes grises ? mais c'est horrible !

c'est affreux ! cela suffirait pour attrister la fête.

LE BARON.

Comment la fête !.. Mais tes cousines n'y assisteront pas. La supérieure est déjà très blâmable de les avoir laissé venir ici, hier, faire une dernière tentative auprès de moi... Elles retourneront ce matin même au cloître, pour n'en plus sortir... C'est mon ordre formel...

HERMINE.

Du tout ! du tout ! j'ai d'autres projets ! Ne sont-elles pas nobles ? ne sont-elles pas toutes trois jeunes et jolies ? Vous recevez aujourd'hui une partie de la noblesse de Bretagne... c'est pour cela que je leur ai dit de rester... que je les ai faites si belles... Elles vont éblouir les yeux, et parmi tous ces seigneurs, j'espère bien qu'on trouvera des maris pour mes cousines, Claire, Yolande et Églantine.

LE BARON.

Voilà bien des projets de petite fille !... Des orphelines, sans la moindre dot... espérer pour elles trois maris !... à l'improviste !...

HERMINE.

C'est donc bien rare, les maris !

LE BARON.

Quelquefois... cela dépend des années... il y en a de bonnes... mais.....

HERMINE.

Nous sommes peut-être dans une de celles-là... qui sait ? Au surplus, il faut essayer ; car il ne s'agit pas seulement du bonheur de mes cousines, mais du mien.

LE BARON, riant.

Allons, allons... toujours !... tu vas encore me parler de ton vœu... de ne consentir à te marier que lorsque tes cousines seraient pourvues... Mais je te répète que tu n'es pas engagée... tout cela est une fable arrangée par toi, et à laquelle tu renonceras au moment où je prendrai ta main pour la mettre dans celle de l'homme qui a su te plaire, du seigneur Aymon... Tu verras.....

HERMINE.

Mais non, mais non... je refuserai... j'y suis obligée, j'y suis contrainte... mon vœu est réel... Je ne vous dis pas qu'aujourd'hui je ne sois point au désespoir de l'avoir fait... mais, enfin, c'est fini... c'est irrévocable ; car ce vœu, je l'ai prononcé dans les trois chapelles les plus révérées de toute la Bretagne : à Laval, à Mayenne, à Montfort !

LE BARON, abasourdi.

Ah ! mon Dieu ! que m'apprends-tu là ?

HERMINE.

Que voulez-vous ? je voyais qu'on persécutait mes cousines... pas vous positivement, mais ce méchant Baudriot, l'ancien majordome de la famille Juvigny... Toujours, après ses visites, vous deveniez plus dur, plus sévère envers vos pauvres nièces !...

LE BARON.

Renoncer au sire Aymon !... à un gendre si riche !...

HERMINE.

Mais non... je n'y renonce pas... au contraire... au lieu d'un mariage, faites-en quatre... voilà tout.

LE BARON.

Voilà tout !... voilà tout !... Tu ne sais donc pas qu'il y a des raisons majeures... des obstacles insurmontables !... Cependant, ce que tu viens de m'apprendre.....

HERMINE, joyeuse.

Ainsi, mon père, vous consentez.....

LE BARON, vivement.

Je ne consens à rien !... on verra !... on verra !...

SCÈNE IV.

LES MÊMES, HUBERT ; puis, BAUDRIOT.

HUBERT, entrant.

Monseigneur, maître Baudriot vient d'arriver... Je vous cherchais... je lui ai dit que vous étiez de ce côté du parc... Il me suit.

HERMINE.

Toujours ce maudit homme !

LE BARON, à part.

Il arrive à propos.

(Il va au devant de Baudriot.)

HERMINE, appelant.

Hubert ! (Bas, à Hubert, pendant que Beaumanoir cause avec Baudriot au fond.) La venue de maître Baudriot m'annonce quelque nouveau malheur pour mes cousines... Écoute : si mon père te donne l'ordre de les ramener aujourd'hui même au couvent, ne quitte pas le château avant de m'avoir avertie. Tu me le promets ?...

HUBERT, bas.

Vous serez obéie, ma noble damoiselle.

LE BARON, revenant en scène suivi de Baudriot.

Hubert, va donner un dernier coup d'œil aux préparatifs de la fête, et toi, mon enfant, laisse-nous.

HERMINE, à part.

Oh ! il y a quelque secret entre mon père et cet homme. Il faut absolument que je sache..... Oui... là, dans ce bosquet, j'entendrai.

(Elle se cache dans le bosquet à gauche.)

SCÈNE V.

LE BARON DE BEAUMANOIR, BAUDRIOT, HERMINE, cachée.

BAUDRIOT.

Enfin, on nous laisse... Vos trois nièces ici !... Pardon, Monseigneur, mais c'est une imprudence !... Au milieu d'une fête !... entourées d'une jeunesse galante et empressée !... éblouir leurs yeux par le luxe et l'éclat !... c'est s'exposer à ne plus trouver dans les trois jeunes filles cette soumission aveugle qui nous est si nécessaire...

HERMINE, se montrant dans le bosquet, à part.

Maintenant, ne perdons pas un mot.

BAUDRIOT.

Bien plus... elles sont jeunes et jolies, et, si, par malheur, quelque cavalier venait à s'enamourer d'elles et à vouloir contracter mariage...

LE BARON.

Oh ! quant à cela, impossible !... puisque nous les faisons passer pour être sans fortune.

BAUDRIOT.

N'importe... il y a des gens désintéressés...

LE BARON.

Vous croyez? Cela ne me serait pas venu à l'esprit.

BAUDRIOT.

Alors, tout ce que nous voulons cacher s'ébruiterait bien vite... car, d'après le testament laissé entre nos mains, et dont un double a dû être déposé au présidial de Rennes, la dame de Juvigny ordonne qu'il soit remis par vous, à l'aînée de ses filles, le jour qu'elle se mariera, le beau domaine de Juvigny.

LE BARON.

Et à chacune des deux autres cent mille pièces d'or le lendemain de son mariage... Je sais tout cela, Baudriot.

HERMINE, à part.

Qu'entends-je !

BAUDRIOT.

Alors, vous savez aussi tout ce qui est convenu entre nous?

LE BARON.

Oui, oui, oui... je sais tout ce qui est convenu entre nous... ou plutôt ce que vous avez imaginé... savoir, que nous persuaderions à mes nièces qu'elles avaient une vocation très décidée pour le cloître, et qu'elles devaient prendre le voile pour leur salut.

BAUDRIOT.

Or, les jeunes filles ne se mariant pas, d'après une de nos vieilles coutumes, la fortune de leur mère retourne au plus proche parent... c'est vous !

LE BARON.

C'est moi, et j'hérite.

BAUDRIOT, vivement.

C'est-à-dire nous héritons.

LE BARON.

C'est vrai !... c'est vrai !... nous héritons...

BAUDRIOT.

Alors, achevons un ouvrage si bien commencé.

LE BARON.

L'achever... voilà le difficile !

BAUDRIOT.

Pourquoi?... Qui vous empêche?...

LE BARON.

Ce vœu, ce vœu maudit qu'Hermine a prononcé, et dont je vous ai déjà parlé...

BAUDRIOT.

Mais vous en plaisantiez vous-même?

LE BARON.

Tant que je ne l'ai pas cru... que je l'ai considéré comme un épouvantail dont on se servait contre moi... Mais il est réel, Baudriot, et je connais Hermine, elle n'y manquera jamais.

BAUDRIOT.

Cependant, Monseigneur......

LE BARON.

Non, non.... nous voilà sans ressources devant une impossibilité... car, enfin, je ne veux pas sacrifier ma fille... perdre un gendre inappréciable!... Il faudra donc consentir à ce que mes nièces...

BAUDRIOT.

Y pensez-vous?...

LE BARON.

C'est horrible! c'est affreux! je le sais bien... Le beau domaine de Juvigny qui m'échapperait!...

BAUDRIOT.

Ainsi que les deux cent mille pièces d'or auxquelles vous ne songez pas...

LE BARON.

Si fait, si fait, Baudriot... j'y songe toujours!... Ah! c'est que, c'est cruel!... Ma fille, le duc Aymon,... le comté de Juvigny,... les pièces d'or... tout cela se heurte, se choque...

BAUDRIOT, vivement.

Attendez!.. tout cela peut s'arranger...

LE BARON.

Comment?

BAUDRIOT.

Oui, et sans faire se parjurer la damoiselle de Baumanoir...

LE BARON.

Vite, vite, Baudriot...

BAUDRIOT.

Votre fille ne peut prendre un mari que lorsque ses cousines auront chacune un époux?

LE BARON.

Oui.

Eh bien?..

LE BARON.

Eh bien?...

BAUDRIOT.

Ne vont-elle pas se donner au plus noble, au meilleur des époux?

LE BARON.

Auquel?

BAUDRIOT.

Au Seigneur!

LE BARON, ivre de joie.

Mais, oui... en effet... de cette façon Hermine se trouve dégagée... Il ne s'agit que de savoir interpréter les choses... Baudriot, vous êtes un grand homme! (Il lui saute au cou.) Écoutez : il faut laisser mes nièces ici le moins de temps possible, en conséquence, je vais ordonner à Hubert de les remener à l'instant même à leur couvent... Il dira de ma part à la supérieure que je le veux, que j'ordonne que mes nièces prennent le voile, ce soir même! Alors, plus d'inquiétude, à moi le comté de Juvigny... à moi les deux cent mille pièces d'or!... le testament est formel... Mes nièces ne se marient pas... ou, plutôt, elles se marient spirituellement... et j'hérite.

BAUDRIOT.

Non, non.... nous héritons.

LE BARON.

C'est ce que je voulais dire... Vous êtes insupportable, Baudriot.

BAUDRIOT.

Mais, venez, venez.... le moindre retard pourrait renverser nos projets... Sauvons des piéges de ce monde trois innocentes brebis!

LE BARON.

Cela nous sera compté dans le ciel !

(Ils sortent vivement par le fond.)

SCÈNE VI.

HERMINE, seule, sortant du bosquet; puis, HUBERT.

Non, non, maître Baudriot... malgré la ruse infernale que vous venez d'imaginer, je ne veux pas perdre mon âme, et je tiendrai mon serment. Et, pourtant, Olivier... je l'aime!... Voyons... il faut de la tête... le désespoir ne mène à rien; d'abord, mes cousines ne retourneront pas aujourd'hui au couvent... cela me regarde... je les cacherai à tous les yeux, là, dans la vieille tourelle du nord... Oui, mais on saura bientôt... Il faudrait, ce soir, trouver... oh! il n'y a que ce moyen... trouver trois maris... trois maris pressés... C'est difficile... mais espérons tout du ciel! il voit ce que je lui sacrifie; il me doit bien une indemnité! Qui vient ici?...

HUBERT, entrant.

Ah! je vous trouve, ma noble damoiselle!... D'après l'ordre que vous m'avez donné.....

HERMINE.

Tu viens me dire que mon père t'a commandé de partir pour le couvent? C'est bien, Hubert... Mes cousines, où sont-elles?

HUBERT.

Là, tout près... J'étais à côté d'elles lorsque

e sire de Beaumanoir m'a parlé!... Ah! leur chagrin est grand; mais je leur ai dit d'espérer, que vous veillez sur elles.

HERMINE, regardant autour d'elle.

Oui, oui... personne de ce côté du parc...

HUBERT, faisant un signe à gauche.

Venez, venez!

SCÈNE VII.

HERMINE, HUBERT, CLAIRE, YOLANDE, ÉGLANTINE.

CHANT.

CLAIRE, YOLANDE, ÉGLANTINE, entourant Hermine.

Cousine chérie,
Notre seule amie,
A votre secours
Nous avons recours!
Quand tout nous menace,
Par pitié, par grâce!
D'un affreux malheur,
Sauvez notre cœur!

CLAIRE.

Quel sort nous attend!
Rentrer au couvent!

ÉGLANTINE.

Pour n'en plus sortir!
Quel triste avenir!

YOLANDE.

Jamais de plaisir,
C'est pour en mourir!

CLAIRE.

Le monde est si beau!
Là, tout est nouveau!

TOUTES TROIS.

Le cloître, pour nous, c'est un vrai tombeau!

HERMINE.

Combien je voudrais
Combler vos souhaits!
Mais, en ce danger,
Pour vous protéger,
Comment faire, hélas!
Je ne le sais pas!

TOUTES.

Cherchons, cherchons bien!
Ne négligeons rien.

ENSEMBLE.

LES TROIS SŒURS.

Cousine chérie,
Notre seule amie,
A votre secours
Nous avons recours!
Quand tout nous menace,
Par pitié, par grâce!
D'un affreux malheur
Sauvez notre cœur!

HERMINE.

Puisse votre amie,

C'est sa seule envie,
Offrir à vos jours
l'ile secours!
Quand tout vous menace,
Je demande en grâce!
Qu'espoir de bonheur
Rentre en votre cœur!

HUBERT.

Vous, leur seule amie,
Cousine chérie,
Votre bon secours
Est leur seul recours!
Quand tout les menace,
Par pitié, par grâce!
D'un affreux malheur
Préservez leur cœur!

HERMINE.

Il est un moyen,
Un seul... j'en conviens...

CLAIRE, avec joie.

Un moyen, vraiment,
De fuir le couvent?

TOUTES TROIS, vivement.

Dites à l'instant,
Parlez promptement!

HERMINE.

Il faudrait qu'ici,
Et dès aujourd'hui,
Chacune de vous trouvât un mari.

TOUTES TROIS.

Il faudrait qu'ici,
Et dès aujourd'hui,
Chacune de nous trouvât un mari.

CLAIRE.

Quel charmant projet!
Un mari me plaît!

YOLANDE.

Je le veux charmant!

ÉGLANTINE.

Tendre et complaisant!

CLAIRE.

Je le veux bien fait,
Je le veux parfait!

TOUTES TROIS.

Je le veux...

HERMINE.

Hélas!
Dans notre embarras,
Loin de disputer,
Loin de discuter,
S'il s'offrait ici
Pour vous un mari,
Vraiment, il faudrait,
Fût-il vieux et laid,
Le prendre aujourd'hui,
Et dire : Merci!

TOUTES TROIS.

Comment! il faudrait,
Fût-il vieux et laid,
Le prendre aujourd'hui

Et dire : Merci !

HERMINE.

Ou bien, dès demain,
Il faut, c'est certain,
Au cloître, toujours,
Consacrer vos jours !

CLAIRE.

Grand Dieu ! quel ennui !

YOLANDE.

Mieux vaut un mari !

CLAIRE.

Et, tel qu'il serait,
Dame ! on le prendrait.

HUBERT, qui a fait le guet.

On vient !..

HUBERT, montrant la tourelle.

Sauvez-vous !..

CLAIRE, à Hermine.

Ah ! veillez sur nous !
Et, pour conjurer le sort en courroux,
Implorons du ciel, pour dernier bienfait,
Le moindre mari...

HERMINE.

Fût-il vieux et laid !

REPRISE DE L'ENSEMBLE.

LES TROIS SŒURS.

Cousine chérie, etc.

HERMINE.

Puisse votre amie, etc.

HUBERT.

Vous, leur seule amie, etc.

(Les trois sœurs et Hubert entrent dans la tourelle.
Au même instant, on entend Beaumanoir qui crie
dans la coulisse.)

LE BARON.

Hermine ! Hermine !

HERMINE.

Mon père !.. Nous aurait-il aperçus ?

SCÈNE VIII.

HERMINE, LE BARON DE BEAUMANOIR,
suivi d'YVON.

LE BARON.

Ah ! te voilà... je te cherchais partout... A
quoi songes-tu, mon enfant ?.. Voici maître
Yvon qui m'annonce la prochaine arrivée du
noble sire Aymon... Mes vassaux l'attendent
avec des bouquets de fleurs à la main... Tous
mes gens sont sur pied... les fanfares s'apprê-
tent... Va prévenir tes femmes... Je veux que le
sire Aymon trouve ici l'accueil le plus empressé,
et la réception la plus brillante !.. Puis-je moins
pour celui que j'espère pouvoir bientôt appeler
mon gendre ?

HERMINE, d'un air de doute.

Votre gendre... votre gendre... Il faudrait,
pour cela...

LE BARON.

Oui, mon gendre... Sois tranquille... (Se frot-
tant les mains.) Tu seras libre... tu pourras,
sans crime, disposer de ton cœur, de ta main...
Nous avons arrangé tout cela avec Baudriot...
Je n'en dis pas davantage en ce moment...
Laisse-toi aller au charme de l'amour... Va,
mon enfant, va...

(Hermine sort.)

SCÈNE IX.

LE BARON DE BEAUMANOIR, YVON.

LE BARON.

A nous deux, maître Yvon.

YVON.

Quelle joie dans vos regards, Messire !

LE BARON.

Cette joie, cette espérance, ne seront pas dé-
çues, je l'espère.

YVON.

Pourquoi le seraient-elles ?..

LE BARON.

Écoutez donc, mon digne majordome... vous
m'avez bien parlé hier de l'héritage laissé par
le vieux duc Aymon... mais, avant de m'enga-
ger irrévocablement...

YVON.

Vous voulez connaître toutes les qualités de
mon maître... C'est agir en homme sage et en
tendre père... Le sire Aymon est brave, discret,
généreux, loyal, entreprenant, courtois, fidèle.

LE BARON.

Il s'agit bien de toutes ces belles choses,
ma foi !.. L'essentiel, Yvon, l'essentiel... Ce
coffre-fort... je veux voir l'or qu'il renferme, le
toucher, le compter !..

YVON.

Ce coffre-fort... ce n'est rien.

LE BARON, effrayé.

Comment, rien ?

YVON.

Rien, en comparaison de ce qu'il a eu d'un
vieux parent qui s'était mis au service d'un duc
étranger, qui l'a comblé de faveurs et de richesses !.. Cette année d'absence de mon jeune
maître, c'était pour aller fermer les yeux de ce
riche parent.

LE BARON.

Oui, lui fermer les yeux... et ouvrir ses cof-
fres-forts... ses bahuts, ses armoires !.. Diable !
diable !..

DUO.

LE BARON.

Le mérite de votre maître,

D'honneur! me semble sans pareil!
En détail, faites-moi connaître
Les biens qu'il possède au soleil.

YVON.

Au soleil?

LE BARON.

Au soleil!
C'est par intérêt...

YVON.

Je le pense!

LE BARON.

Cet intérêt, vous l'approuvez?

YVON.

Connaissez donc cette fortune immense,
Et suivez-moi... si vous pouvez.

(Très vite.)

Il a vingt domaines,
Cinquante châteaux,
Les plus riches plaines,
Les prés les plus beaux,
Des étangs sans nombre,
Des riants coteaux,
Des forêts dont l'ombre
Couvre cent hameaux!

LE BARON, cherchant à suivre.

Il a vingt domaines,
Cinquante châteaux...
Les plus riches plaines,
Les prés les plus beaux...

(S'embrouillant.)

Des étangs dont l'ombre...
Des coteaux... hameaux...
Des forêts... Ah!
Je ne puis vous suivre...
Dieu! quel embarras!..

YVON.

Laissez-moi poursuivre,
Ne m'arrêtez pas.

ENSEMBLE.

LE BARON.

En vain je m'agite;
Vous allez si vite,
Que de tant de bien
Je ne retiens rien,
Non, rien!

YVON, riant, à part.

En vain il s'agite;
Moi, je vais si vite,
Que de tant de bien
Il ne retient rien,
Non, rien!

LE BARON.

De grâce! un peu plus lentement...

YVON.

Je vais aller plus doucement.

(Plus vite encore.)

Ses celliers s'emplissent
Des vins les plus chauds;
Dans ses prés bondissent
Les plus gras troupeaux;
Dans ses parcs hennissent
Deux mille chevaux;
Des coteaux jaillissent
Les plus frais ruisseaux;
Sous ses lois gémissent
Vingt gentilhommeaux;
Ses hameaux fournissent
Cent mille vassaux;
Et sous sa bannière,
En temps de combats,
Il mène à la guerre
Vingt mille soldats!

LE BARON, essoufflé, et cherchant à se rappeler.

Ses celliers s'emplissent
Des vins les plus chauds;
Des coteaux jaillissent...
Deux mille chevaux...
Non, non, des ruisseaux!
Sous ses lois hennissent
Vingt gentilhommeaux...
Non, non, des vassaux...
Non, non, des chevaux!
Ah! je ne puis vous suivre...
Dieu! quel embarras!

YVON.

Laissez-moi poursuivre,
Ne m'arrêtez pas.

ENSEMBLE.

LE BARON.

En vain je m'agite;
Vous allez si vite,
Que de tant de bien
Je ne retiens rien,
Non, rien!

YVON, riant, à part.

En vain il s'agite;
Moi, je vais si vite,
Que de tant de bien
Il ne retient rien,
Non, rien!

LE BARON.

Mais, répondez!.. Où donc est ce bien sans pareil?

YVON.

Tous ces biens-là sont au soleil,
Au soleil!

LE BARON.

Au soleil!
Oui, je le sais... Mais, je vous prie,
Sous quel soleil?..

YVON.

En Lombardie!

LE BARON.

Quoi! dans la riche Lombardie?

YVON.

Dans la fertile Lombardie!

LE BARON.

Ah! j'aime fort ce pays-là!

YVON.

Eh bien! on vous y fêtera,
Et votre bouche s'écriera:
C'est un rêve que tout cela!

ENSEMBLE.

LE BARON, YVON.

Ces tableaux radieux
Enchantent tous les yeux!
Ces coteaux,
Ces hameaux,
Ces châteaux,
Ces vassaux,
Ces guerriers,
Ces celliers,
Ces forêts,
Ces guérets,
Ces vallons
Si féconds
Au soleil
Si vermeil;
Ces troupeaux bondissant,
Ces ruisseaux jaillissant,
Ces chevaux hennissant,
Tout ce luxe étonnant,
C'est un rêve, vraiment!

LE BARON.

Mon cher Yvon, je crois rêver... je suis en extase!.. Aussi, je cours au-devant de votre maître pour le complimenter.

YVON.

Gardez-vous-en bien! il croirait que c'est à cause de ses richesses que vous lui donnez la main de votre fille.

LE BARON.

Il pourrait croire?.. Au fait, je vous avoue que c'est absolument à cause de cela.

YVON.

Mais, je le répète, il veut être aimé pour lui-même... Et pour mieux déguiser ses immenses richesses, il ne sera suivi aujourd'hui que de son trésorier, de son ménestrel et de son écuyer. Tenez, je ne serais pas étonné qu'il allât jusqu'à vous dire qu'il ne possède rien.

LE BARON, avec finesse.

N'a-t-il pas déjà voulu me le faire croire, en se présentant d'abord ici sous l'apparence d'un pauvre hère?.. Cependant, quelque chose me disait... oui, j'avais presque deviné... N'importe! si vous n'aviez pas parlé, votre maître aurait bien pu mourir garçon... Du reste, je flatterai sa manie; je croirai tout ce qu'il me dira.

YVON, à part.

Bien!.. Maintenant, je ne crains plus la franchise de mon maître.

LES VASSAUX, en dehors.

Noël! noël!.. Vive le duc Aymon!

YVON.

Mais, n'entendez-vous pas ce bruit, ces acclamations?..

LE BARON, prêtant l'oreille.

Oui... (Il remonte au fond.) Pardieu! c'est votre seigneur, escorté de tous mes vassaux.

SCENE X.

LES MÊMES, OLIVIER, vêtu richement; ALLARD, RENAUD, RICHARD, VASSAUX et VARLETS de Beaumanoir, précédant Olivier.

CHŒUR DE VASSAUX et de VARLETS accourant.

C'est un jour de liesse!
C'est un jour de bonheur!
Fêtons avec ivresse
Un jeune et beau seigneur!
Fêtons un jeune et beau seigneur!

OLIVIER, s'avançant vers Beaumanoir.

Accueillez le féal hommage
Et d'un voisin et d'un ami.

LE BARON, saluant.

C'est pour nous un heureux partage
De vous recevoir aujourd'hui!
Sans déroger, mon noble sire,
A mon foyer, vous pouvez vous asseoir,
Car vous êtes, je puis le dire,
Chez le digne soutien du nom des Beaumanoir!

OLIVIER.

Comptez sur ma reconnaissance...
Me faire un si brillant accueil!..

LE BARON.

Dans ce château, votre présence
Doit m'inspirer un juste orgueil...
Seigneur, soyez de ma famille,
Formons, formons les plus doux nœuds.

ENSEMBLE.

OLIVIER, à part.

A mes yeux un tendre espoir brille,
Tout semble sourire à mes vœux

LE BARON, YVON, LES TROIS FRÈRES, à part.

A nos yeux un bel espoir brille,
Tout semble sourire à nos vœux!

REPRISE DU CHŒUR.

C'est un jour de liesse,
C'est un jour de bonheur,
Fêtons avec ivresse
Un jeune et beau seigneur.

(Allard, Richard et Renaud s'éloignent, suivis des varlets et vassaux.)

SCÈNE XI.

LE BARON DE BEAUMANOIR, OLIVIER, YVON.

OLIVIER.

Quelle réception!.. Quelle hospitalité!

LE BARON.

Puis-je moins faire pour celui que je veux, dès ce soir, nommer mon gendre.

OLIVIER.

Il se pourrait !.. moi, pauvre gentilhomme !.. sans fortune...

LE BARON.

Eh ! qu'est-ce que la fortune ?..

OLIVIER.

Un tel désintéressement !

LE BARON, bas, à Yvon.

Comme je flatte sa manie !..

YVON, bas.

Flattez toujours !..

OLIVIER.

Hermine m'est accordée ! Hermine, si noble ! si belle !.. si riche !..

LE BARON.

Pardon !.. de ce côté-là, il faut que je vous fasse part du système que j'ai... système bien arrêté... Plus la dot est forte, et plus on doit penser que la jeune fille a de défauts et qu'on veut les dissimuler à force d'or... Tenez, si j'avais à me marier, j'aurais peur d'un gros apport... Or, comme ma fille est parfaite, je ne veux pas lui donner beaucoup, dans la crainte qu'on ne lui prête des imperfections.

YVON, bas, au baron.

Prenez garde! En offrant trop peu, vous pouvez lui faire croire que vous savez la vérité.

LE BARON, à mi-voix.

C'est juste. (Haut.) Cependant, Messire, je ne veux pas que ma fille sorte d'ici avec mince équipage... ses coffres seront remplis des plus beaux ajustemens.

YVON, bas.

Encore, encore !.. pour mieux le tromper... Que risquez-vous ?.. après le mariage, il vous rendra tout.

LE BARON, à Olivier.

Et parmi les gens de votre suite, on verra mon majordome porter un certain sac contenant de beaux écus d'or !

OLIVIER.

Messire...

YVON, bas.

Toujours !.. toujours !.. ou il devinera.

LE BARON.

Et, tous les ans, aux fêtes de Noël, l'intendant de la terre de Mérangy viendra présenter ses comptes à son nouveau maître et seigneur, le duc Aymon.

OLIVIER.

Assez... assez... je ne mérite pas tant de bontés...

LE BARON, d'un air railleur.

Il faut bien que je vous enrichisse. (Bas, à Yvon.) Je crois lui avoir ôté tout soupçon.

YVON, bas.

Il fallait cela.

LE BARON, bas.

Tu vois, je suis grand, je suis large... Tu es sûr qu'il me rendra tout?

YVON, bas.

C'est certain.

LE BARON, à Olivier.

Touchez là, mon noble gendre, votre main dans la mienne comme gage d'alliance... Et maintenant, venez, Yvon ; nous allons, de ce pas, avertir mon chapelain... Nous règlerons ensemble les détails de la cérémonie... A bientôt, mon gendre, à bientôt... Vous n'avez rien? pas le moindre patrimoine? C'est bien, c'est entendu !.. ça m'est égal !.. Adieu! mon gendre, adieu. (Bas, à Yvon.) Hein?.. J'espère que je flatte assez sa manie !

(Ils sortent tous deux par le fond ; au même instant entrent Richard, Renaud et Allard.

SCÈNE XII.

OLIVIER, ALLARD, RENAUD, RICHARD.

ALLARD.

Enfin, te voilà seul !

RENAUD.

Moi, je guettais le départ du baron.

RICHARD.

Moi, j'étais d'une impatience !..

ALLARD.

Eh bien? tes amours?..

RENAUD.

Parle vite !

OLIVIER

Mes frères, mes bons amis, vous me voyez ravi, transporté !..

ALLARD.

Vraiment ?..

OLIVIER.

Ce soir, dès ce soir, Hermine doit être à moi!

ALLARD.

Heureux Olivier! Une immense fortune... une femme charmante !.. du moins, à ce que nous as dit...

OLIVIER.

Comment! vous ne l'avez pas aperçue ?..

RENAUD.

Non.

RICHARD.

Pas encore...

OLIVIER.

Dès que je le pourrai, je vous présenterai à elle... Oh! vous l'aimerez! les traits les plus doux, l'esprit le plus vif... et un cœur !.. Tenez, je suis certain qu'une fois mariée, elle secondera tous mes projets, et qu'ensemble nous arriverons bientôt à assurer votre bonheur par de riches alliances.

ALLARD, avec fatuité.

De ce côté, je crois que ce ne sera pas difficile... il y a déjà pour chacun de nous un grand
pas de fait...

OLIVIER.

Comment?

ALLARD.

Imagine-toi que, parmi les nobles dames qui
se trouvent à la fête, nous avons tous trois retrouvé nos inconnues ; tu sais? celles à qui nous
avons dévoué notre cœur, nos bras et notre
épée, à Laval, à Mayenne et à Montfort... Renaud a rencontré sa belle près de la cour d'honneur ; Richard a reconnu la sienne sur le préau,
et moi, j'ai aperçu la mienne à une fenêtre ; elle
a paru se troubler ; mais j'ai eu le temps de lui
lancer un de ces regards qui m'assurent toujours la victoire !

OLIVIER.

Voilà qui est singulier !.. Oh!.. après tout,
pourquoi tant s'étonner?.. toute la noblesse des
environs n'est-elle pas conviée à cette fête?..
une telle rencontre est donc toute naturelle...

SCÈNE XIII.

Les Mêmes, HUBERT.

HUBERT.

Pardon, Messires, j'aurais à parler au ménestrel du sire Aymon.

RENAUD.

C'est moi. Que me voulez-vous?..

(Hubert le prend à l'écart et lui parle bas à l'oreille, en lui remettant une lettre de façon à ne pas
être vu des autres personnages.)

RENAUD, bas, vivement.

Vraiment?.. C'est bien ! c'est bien !..

(Il s'éloigne.)

RICHARD, à Renaud.

Où vas-tu donc?

RENAUD, sortant.

Vous saurez... Je serai bientôt à vous!.. Au
revoir ! au revoir !..

RICHARD, appelant.

Renaud ! Renaud !.. (A Hubert.) Que diable
avez-vous pu lui dire ?

HUBERT, à Richard.

Vous êtes l'écuyer du sire Aymon ?

RICHARD.

Oui !

HUBERT.

Un mot...

(Il le prend à l'écart, lui parle à l'oreille et lui
remet un billet.)

RICHARD, bas, à Hubert.

Vraiment?.. Il suffit !

(Il s'éloigne.)

ALLARD.

Comment ! lui aussi !..

RICHARD.

Je reviens... je reviens...

(Il sort en courant.)

OLIVIER, à Allard.

Ah ça ! mais c'est inconcevable !

ALLARD.

En effet... (A Hubert.) Dites-moi donc, bonhomme...

HUBERT.

Quant à vous, Messire trésorier...

ALLARD, à part.

Est-ce qu'il va me demander de l'argent?..

(Hubert le prend à l'écart, lui parle bas et lui remet
aussi une lettre.)

ALLARD, bas.

Il se pourrait !.. Je vous suis ! je vous suis !..

(Il s'éloigne.)

OLIVIER, riant.

Comment !.. toi comme les autres !..

ALLARD.

Oui... oui... c'est assez bizarre, n'est-ce
pas?.. (A Hubert.) Venez, venez, bonhomme...

(Il sort avec Hubert.)

SCÈNE XIV.

OLIVIER, seul.

Ce mystère... tous les trois... Que signifie?..
Oh! pourquoi m'inquiéter !.. Ce messager secret... leur trouble, leur joie, en me quittant...
C'est du bonheur qui leur arrive... Dieu soit
loué !.. je ne serai donc pas le seul heureux,
aujourd'hui.

ROMANCE.

Premier couplet.

Ce soir, ce soir, douce promesse !
Tout vient sourire à mon ardeur !
Mais dois-je croire à tant d'ivresse ?
Et n'est-ce pas songe enchanteur ?
Illusion, tendre magie,
Ah ! ne vas pas t'évanouir !
Rêver ainsi double la vie ;
Mais s'éveiller serait mourir !

SCÈNE XV.

OLIVIER, HERMINE, entrant par la gauche.

DUO.

OLIVIER.

Quel bonheur ! la voilà ! c'est elle !

HERMINE.

Pourquoi donc, Monseigneur, fuir la fête et nos jeux?..

OLIVIER.

Pardonnes, noble damoiselle,
Un prestige délicieux
Enchantait mon cœur en ces lieux!

Deuxième couplet.

Je la voyais, oui, c'était celle
Dont je suivrai toujours la loi,
Et, dès ce soir, d'un cœur fidèle,
Elle acceptait ici la foi!
Illusion, tendre magie,
Ah! ne vas pas t'évanouir
Rêver ainsi double la vie;
Mais s'éveiller serait mourir.

ENSEMBLE.

OLIVIER.

Illusion, tendre magie,
Ah! ne vas pas t'évanouir!
Rêver ainsi double la vie;
Mais s'éveiller serait mourir!

HERMINE, à part.

Illusion, tendre magie,
Ah! ne vas pas t'évanouir!
Rêver ainsi double la vie;
Mais s'éveiller serait mourir!

OLIVIER, avec passion.

De vous seule il dépend que mon bonheur s'achève!
Cet ange apparaissant à mon œil enchanté,
C'est vous! c'est vous!.. Faites que mon beau rêve
Devienne la réalité!

Vous ne répondez point... Je n'ai pas su vous plaire.
Pour mon cœur, quels nouveaux tourmens!
Votre froideur, hélas! m'éclaire...
Un autre a reçu vos sermens.

HERMINE.

(Motif de la romance du premier acte.)

Oui, j'ai juré tendre constance,
Amour fidèle au fond du cœur,
Et j'ai gardé la souvenance
D'un pèlerin, d'un voyageur.
De ce castel, par la nuit noire,
Il s'éloignait bien triste, hélas!
Quand une voix, j'en ai mémoire,
Lui dit tout bas :
Ne partez pas!

OLIVIER, avec transport.

Qu'ai-je entendu? Bonheur suprême!
Ce voyageur...

HERMINE.

C'est lui que j'aime...
Mais, hélas! peut-être, aujourd'hui,
Loin de nous l'espoir aura fui.

OLIVIER.

Que dites-vous?..

HERMINE.

Un vœu m'engage!
Il me faut l'accomplir ou point de mariage!

OLIVIER.

Grand Dieu!

ENSEMBLE.

OLIVIER.

Quand tout semblait sourire
A mon heureux destin,
Quand mon ardent délire
Espérait doux hymen,
Faut-il que la tristesse
Succède sans retour
A la plus douce ivresse,
Au plus ardent amour?

HERMINE.

Quand tout semblait sourire
A mon jeune destin,
Quand mon cœur veut souscrire
Au plus heureux hymen,
Faut-il que la tristesse
Succède sans retour
A notre douce ivresse,
A notre tendre amour?

SCÈNE XVI.

LES MÊMES, HUBERT.

HERMINE.

C'est toi, Hubert?.. bien!.. (A Olivier.) Messire, il vous faut aller rejoindre mon père... Il pourrait s'étonner de votre absence... Empêchez qu'il ne vienne jusqu'ici... Sa présence, la vôtre, détruiraient le seul espoir qui me reste...

OLIVIER, avec joie.

Quoi! vous pensez encore... Oh! mais, que je sache...

HERMINE.

Il vaut mieux me laisser agir.

OLIVIER.

Mais quand saurai-je, enfin?

HERMINE.

Ici, à minuit!

OLIVIER.

Ah! je n'espère qu'en vous!.. A minuit!

HERMINE.

A minuit!..

(Olivier sort.)

SCÈNE XVII.

HERMINE, HUBERT.

HERMINE.

Eh bien! Hubert, as-tu exécuté mes ordres?

HUBERT.

Oui, noble damoiselle... Chaque frère a reçu son message!..

HERMINE.

Ainsi que les trois anneaux qu'ils m'avaient donnés à Laval, à Mayenne et à Montfort?..

HUBERT.

Oui!

HERMINE.

Et tu n'as rien dit qui pût éveiller leurs soup-
çons?

HUBERT.

Pas un mot... Ils savent que la moindre indis-
crétion perdrait tout!

HERMINE.

Maintenant, Hubert, écoute-moi... Tu vas courir aux trois hermitages qui entourent ce domaine, et tu diras à chacun des hermites que,
cette nuit, il aura à célébrer un mariage... Tiens,
fais pour eux trois parts de cet or... (Elle lui remet une bourse.) et donne tes ordres au nom de
mon père, pour qu'ils n'hésitent pas... On approche!.. (Regardant.) Un des frères!.. Déjà!...
Eh! vite, ne perds pas un instant!..

(Elle le conduit vers le fond, et rentre vivement dans
la tourelle au moment où Allard arrive par la
droite.)

SCÈNE XVIII.

ALLARD, entrant avec mystère.

FINAL.

Un rendez-vous! aventure charmante!
La nuit vient, et voilà le bosquet amoureux
Où la damoiselle tremblante
Doit accueillir mon amour et mes vœux.

(Il entre sous le bosquet à droite.)

SCÈNE XIX.

ALLARD, RENAUD; puis, RICHARD.

(La nuit est tout-à-fait venue.)

RENAUD, paraissant sous le bosquet opposé.

Mon rendez-vous est à la nuit tombante...
Sous le bosquet de jasmins... m'y voici!..

RICHARD, paraissant sous la tonnelle du milieu.

Le rendez-vous, c'est bien ici!

TOUS LES TROIS.

Nuit charmante! nuit étoilée!
Prête-moi ton heureux secours.
Blanche lune, reste voilée;
Le mystère plaît aux amours.

SCÈNE XX.

LES MÊMES, sous les bosquets, HERMINE; puis,
LES TROIS COUSINES, voilées.

HERMINE, enveloppée d'un voile blanc, sortant doucement de la tourelle, et parlant mystérieusement
à ses cousines.)

Ah! fiez-vous à ma tendresse,
Ne craignez rien!
Un peu de bonheur, de finesse,

Tout ira bien.

(S'avançant.)

Si leur adresse me seconde,
Oui, dès ce soir,
Je les rends au bonheur, au monde...
J'en ai l'espoir.

(En cet instant, Allard, Renaud et Richard, qui ont
disparu un instant sous le feuillage, reparaissent,
chacun de son côté; Allard dans le bosquet à
droite, Renaud à gauche, Richard au milieu.)

ENSEMBLE.

TOUS LES TROIS, à part.

Nuit charmante, nuit étoilée,
Prête-moi ton heureux secours.
Blanche lune, reste voilée:
Le mystère plaît aux amours.

HERMINE, à part.

Nuit charmante, nuit étoilée,
Pour ma ruse à toi j'ai recours!
Blanche lune, reste voilée,
Prête-moi ton heureux secours.

(Allant au bosquet où est Allard, et à mi-voix.)

Êtes-vous là?

ALLARD, bas.

Me voici!

HERMINE, bas.

Bien! silence!
De ce bosquet ne sortez pas.

(Allant au bosquet où est Renaud.)

Est-ce vous?

RENAUD, bas.

Oui.

HERMINE, bas.

De la prudence!
Car on observe tous mes pas;
De ce bosquet ne sortez pas.

(S'approchant de la tonnelle où est Richard.)

Êtes-vous là?

RICHARD, bas.

Oui, me voilà!

HERMINE, bas.

On pourrait nous surprendre, hélas!
De ce bosquet ne sortez pas!

TOUS TROIS, à part.

De la prudence
Et du silence!
Attendons, ne nous montrons pas!

HERMINE, se plaçant au milieu du théâtre et se tournant alternativement du côté où se trouve chaque
frère, de manière à être entendue de tous les trois.

ROMANCE.

Premier couplet.

Une jeune et noble fille,
Sans amis et sans famille,

Sous le joug d'un oppresseur
Voit fuir espoir de bonheur!
On convoite sa richesse,
On veut contraindre son cœur ;
Faible femme, en sa détresse,
Elle implore un défenseur.

TOUS TROIS, chacun de son côté.

Pour que nul soupçon ne s'éveille,
Le moyen est heureux, ma foi !
Vraiment, je comprends à merveille :
Le défenseur, ce sera moi !

HERMINE.

Deuxième couplet.

Dans un saint pélerinage,
Elle a reçu le doux gage
De la foi d'un beau seigneur
Qui peut la rendre au bonheur !
Mais, pour qu'elle lui confie
Son honneur, ses biens, sa vie,
Il faut qu'il jure à genoux
D'être son féal époux.

TOUS TROIS, à part, avec joie.

Pour que nul soupçon ne s'éveille,
Le moyen est heureux, ma foi !
Vraiment, je comprends à merveille :
L'heureux époux, ce sera moi!

(Pendant cet ensemble, Hermine est allée parler à
ses trois cousines, que l'on voit paraître, voilées,
à gauche, vers le fond ; puis, elle revient sur le
devant de la scène.)

HERMINE, de manière à être entendue des trois frères.

Attendez-moi, puis, au plus vite,
Nous irons chez un saint hermite
Qui bénira de si doux nœuds.

LES TROIS FRÈRES, chacun de son côté, à part.

Ah ! le ciel comble tous mes vœux !

HERMINE, bas, et faisant signe aux trois cousines d'ap-
procher.

Venez !.. venez !.. par ici !.. par ici !..

(Prenant Yolande par la main, et la conduisant près
du bosquet où est Allard, à voix basse.)

Protéges noble damoiselle,
Yolande de Juvigny t..
Consentez-vous ?..

ALLARD, à demi-voix.

Oui... je tombe à vos genoux !..

(Il s'avance pour prendre la main d'Hermine, qui
lui donne celle d'Yolande; puis, elle passe au
bosquet où est Richard.)

Venez jurer flamme éternelle
A moi, Claire de Juvigny !
Consentez-vous?

RICHARD.

Oui... je suis à vos genoux !

(Elle met la main de Claire dans celle de Richard ;
puis, va au bosquet où est Renaud.)

Soyez l'époux toujours fidèle
D'Églantine de Juvigny.
Consentez-vous ?

RENAUD.

Je tombe à vos genoux !

(Elle fait passer Églantine près de Renaud; puis revient sur le devant de la scène, au moment où
Olivier entre par le fond à gauche.)

SCÈNE XXI.

LES MÊMES, OLIVIER.

OLIVIER, à Hermine.

L'heure a sonné... parlez, de grâce !
Dois-je espérer des nœuds si doux ?

HERMINE.

Peut-être, enfin, du sort qui nous menace
Nous pourrons fléchir le courroux.

OLIVIER, avec joie.

Quel bonheur!

HERMINE.

Afin d'être à vous,
Je viens de prendre trois époux.

OLIVIER, stupéfait.

Trois époux !

HERMINE, vivement.

Silence ! taisez-vous !

(A ce moment, chaque couple est sorti des bosquets
et se dirige vers le fond, d'un côté différent.

REPRISE GÉNÉRALE.

Nuit charmante, nuit étoilée,
Prête-moi ton heureux secours!
Blanche lune, reste voilée,
Le mystère plaît aux amours.

OLIVIER, à Hermine,

Rassurez mon âme troublée,
Ayez pitié de tant d'amour!
Ah ! que cette nuit étoilée
Soit le présage d'un beau jour !

(Hermine suit des yeux avec inquiétude les trois
couples qui s'éloignent ; puis, au moment où ils
disparaissent, elle laisse tomber sa main dans celle
d'Olivier, qui s'agenouille devant elle.)

FIN DU SECOND ACTE.

ACTE III.

Le théâtre représente une salle du château de Beaumanoir, avec trois arceaux au fond laissant voir un parc montueux, traversé de sentiers sur la colline. Portes à droite et à gauche.

SCÈNE I.

YVON, seul, écoutant au fond.

Rien... rien encore... j'ai beau prêter l'oreille. (Venant en scène.) Oh! mais, n'importe!... dans un instant, je n'en doute pas, la cloche des ermitages va m'annoncer que les projets de la damoiselle de Beaumanoir ont réussi... Et puis, ce message qu'à tout évènement j'ai fait parvenir au duc de Bretagne..... Allons, mon vieil Yvon, remercie le ciel, tu ne mourras pas sans avoir vu tes quatre jeunes maîtres riches et heureux.

COUPLETS.

Quelle espérance
Anime mon cœur;
Pour nous renaît le bonheur;
Oui, l'opulence
Nous rend la splendeur.
A nous, fortune et grandeur!
Ah! pour ma vieillesse
Plus de souci!
Pour notre noblesse
Beau jour a lui!
A tes enfans s'offre un riche avenir,
Et maintenant, vieillard, tu peux mourir.

Deuxième couplet.

Ah! pour mon âme
Espoir radieux!
Sur nos créneaux orgueilleux
Notre oriflamme
Brille à tous les yeux!
Et s'élance dans les cieux!
Ah! pour ma vieillesse
Plus de souci!
Pour notre noblesse
Beau jour a lui!
A tes enfans s'offre un riche avenir,
Et maintenant, vieillard, tu peux mourir.

SCÈNE II.

YVON, HERMINE, OLIVIER.

HERMINE, suivie d'Olivier.

Venez, venez, je suis d'une impatience!...

OLIVIER.

Ah! qui n'égale pas la mienne!... Eh bien! Yvon, ce signal?...

YVON.

Ne s'est pas fait entendre...

HERMINE.

Cependant, voilà plus d'une heure que mes cousines ont quitté le château... et les cloches des trois ermitages auraient dû m'annoncer que les mariages étaient conclus!

OLIVIER.

Mais confier une entreprise aussi difficile à des damoiselles élevées au couvent... simples... naïves!

HERMINE.

Oh! ne vous alarmez pas trop!... lorsqu'il s'agit de trouver un mari, cela donne de l'esprit aux jeunes filles... Mais le temps se passe... et ce méchant Baudriot, qui est parti pour le couvent!...

OLIVIER.

Comment?...

HERMINE.

Oui... pour assister à la prise de voile de mes cousines.

OLIVIER.

Mais il peut revenir d'un moment à l'autre! votre père apprendra par lui que ses trois nièces n'ont pas reparu au couvent... et si notre mariage, à nous, n'est pas fait, plus d'espoir!...

YVON, à Hermine.

Hâtez-vous, de grâce, Damoiselle... hâtez-vous!... Puisque le sire de Beaumanoir n'attend que votre consentement, que la chapelle est prête, marchez à l'autel cette nuit, à l'instant même... avant que Baudriot ne revienne...

HERMINE.

Vous savez bien que cela est impossible!... je l'ai juré devant Dieu: pour disposer de ma main, il faut que mes cousines soient mariées... toutes les trois!

OLIVIER.

C'est à en perdre la tête!...

HERMINE.

Mais non... mais non; conservons-la, au contraire, et agissons au plus vite... Courez aux ermitages, sachez adroitement ce qui s'y passe!... pourquoi le signal ne s'est pas fait entendre... Hâtez votre retour... Sachons enfin si je dois espérer le bonheur, ou bien y renoncer à jamais... J'entends mon père!.....

YVON.

Eh! vite, eh! vite... aux ermitages!

OLIVIER.

Aux ermitages!...

(Ils sortent précipitamment tous deux par le fond et disparaissent par un sentier différent ; au même instant entre Beaumanoir par le côté.)

SCÈNE III.

HERMINE, LE BARON DE BEAUMANOIR.

LE BARON, entrant, avec joie.

Tout est prêt, mon enfant... réjouis-toi... L'heureux moment est arrivé !... tous nos amis sont réunis là, dans la salle de bal... Et ne vas plus me parler de ton serment, de ce vœu qui t'engageait !... grâce à la fertile imagination de maître Baudriot, ton vœu... il est accompli !...

HERMINE, écoutant.

Oui... oui... je l'espère !

LE BARON, étonné.

Hein ?... Comment... tu l'espères ?...

HERMINE.

Oui... je voyais le chagrin que vous causaient mes refus, et cela me fait tant de peine quand je vous afflige que je me suis mise à réfléchir, à chercher tous les moyens de vous satisfaire sans me parjurer...

LE BARON, intrigué.

Eh bien ?...

HERMINE.

Eh bien ! j'en ai trouvé un...

LE BARON, de même.

Lequel ?...

HERMINE.

Je puis épouser le sire Aymon, puisque mes cousines engagent leur foi devant le ciel !

LE BARON, transporté.

Oh ! c'est merveilleux !... prodigieux !... juste l'idée de Baudriot, cette idée sublime que je venais te communiquer pour lever tous tes scrupules... Comme les gens d'esprit se rencontrent !... pas moi, car je n'avais rien imaginé du tout..... Eh bien ! chère enfant, c'est entendu... pour donner plus de solennité à ce noble hymen, il sera célébré dans l'antique chapelle de Sainte-Hermine... dans les ruines du vieux château... C'est là que ton fiancé échangera ce titre contre celui d'époux... Allons, viens...

HERMINE.

Un moment, un moment, mon père...

LE BARON.

Quoi !... qu'y a-t-il encore ?

HERMINE.

J'ai envoyé quelqu'un aux trois ermitages...

LE BARON.

Hein ? pourquoi faire ?...

HERMINE.

Écoutez donc... dans une circonstance aussi grave, je n'ai pas voulu m'en rapporter à moi seule... et j'ai soumis aux trois ermites...

LE BARON, vivement.

L'idée de Baudriot ?...

HERMINE.

Oui... et si mon vœu est bien réellement accompli, chacun de ces bons anachorètes doit me le faire savoir aussitôt, en sonnant la clochette de son ermitage... D'ici j'entendrai...

(Elle va écouter au fond.)

LE BARON, à part.

Diable ! diable !... encore un retard !... ces vieux moines n'ont qu'à voir autrement que nous !... Si j'avais prévu cela, je me serais hâté de les capter, de les influencer... j'aurais fait les plus grands sacrifices... je leur aurais promis quelque chose !...

DUO.

LE BARON, à Hermine.

Ah ! ne tardons pas davantage ;
Il faut s'en rapporter à moi !
De ton vœu le ciel te dégage,
Viens, mon enfant, donner ta foi !

HERMINE.

Je ne puis... de chaque ermitage
Je dois attendre le signal.

LE BARON, à part.

Quelle entêtement ! Ah ! j'enrage !
Pour terminer un mariage,
Eut-on jamais tant de mal !

(A ce moment, on entend tinter une cloche dans le lointain.)

HERMINE, avec joie, à part.

Enfin !... enfin !...

LE BARON.

Ah ! je respire...

HERMINE, à part.

Un des trois hymens est conclu...

LE BARON.

Eh bien ! cela doit te suffire...
Voilà le signal attendu !
Écoute cette clochette,
Là-bas, son bruit argentin
Te dit : « Gentille fillette,
Va conclure un doux hymen ;
Oui, tu peux, à l'instant même,
Accorder ta blanche main ».
Et l'amant que ton cœur aime
Embellira ton destin. »

(La cloche cesse de sonner.)

LE BARON, voulant entraîner Hermine.

Viens !

HERMINE.

Je ne puis...

LE BARON.

Encore !... Eh ! qui t'arrête ?...

HERMINE.

Mais vous l'avez bien entendu,
Un seul ermite a répondu.

LE BARON.

Ah! quelle nouvelle débite!

HERMINE.

Il me faut encor deux avis!

(A part.)

Il me faut encore eux maris!...

(Second bruit de cloche d'un autre côté.)

LE BARON, avec joie.

Tiens! tiens!... écoute :

Écoute cette clochette,
Là-bas, son bruit argentin
Te dit : « Gentille fillette,
Va conclure un doux hymen ;
Oui, tu peux à l'instant même
Accorder ta blanche main,
Et l'amant que ton cœur aime
Embellira ton destin! »

(La cloche cesse.)

HERMINE.

Et de deux!...

(Autre cloche d'un côté différent.)

LE BARON, enchanté.

Et de trois!...
Ah! plus d'obstacle, cette fois...
Les entends-tu toutes les trois?..

(Les trois cloches tintent ensemble.)

ENSEMBLE.

Écoute cette clochette
Là-bas, son bruit argentin
Te dit : « Gentille fillette
Va conclure un doux hymen ;
Oui, tu peux, à l'instant même
Accorder ta blanche main,
Et l'amant que ton cœur aime
Embellira ton destin ! »

HERMINE.

Enfin, de chaque clochette
J'entends le bruit argentin ;
Il me dit : « Jeune fillette,
Va conclure un doux hymen ;
Va, tu peux, à l'instant même,
Maintenant donner ta main,
Et l'amant que ton cœur aime
Embellira ton destin !»

LE BARON.

Partons! partons!...

HERMINE, regardant au fond avec inquiétude.

A ma toilette
Je dois songer un peu... Mais je vous rejoindrai...
Allez toujours !...

LE BARON.

Dépêche-toi, coquette ;
Avec tous nos amis ici je reviendrai
Te chercher en grande étiquette !

ENSEMBLE.

LE BARON.

Plus de crainte importune !
Avenir enchanteur!
Noblesse, éclat, fortune,
Tout sourit à mon cœur!

HERMINE.

Plus de crainte importune!
Avenir enchanteur!
Noblesse, amour, fortune,
Tout sourit à mon cœur!

(Beaumanoir sort par le côté ; au même instant entrent par le fond Olivier, Yvon, Églantine, Yolande et Claire, voilées.

SCÈNE IV.

HERMINE, OLIVIER, YVON, ÉGLANTINE, CLAIRE, YOLANDE.

HERMINE.

Ah! vous voilà, chères cousines!... le ciel soit loué!... Eh bien?...

CLAIRE, écartant son voile, et avec joie.

Mariées! mariées toutes trois !

HERMINE.

Et dites-moi, vos maris?...

CLAIRE.

Pour un époux pris à l'improviste, le mien me paraît charmant!

YOLANDE.

Moi, je n'aurais pas mieux choisi.

ÉGLANTINE.

Le mien me plaît beaucoup!

YVON.

Vous serez heureuses, Damoiselles, j'en réponds! Pour les mariages, vive le hasard!

HERMINE, à Claire.

Es-tu bien sûre qu'ils n'ont aucun soupçon ?

CLAIRE.

Aucun! Oh! ils sont d'une confiance!... chacun d'eux croit fermement qu'il est ton mari ; car nos traits sont restés constamment voilés, même pendant la cérémonie.

HERMINE.

Ils ont bien juré de garder le plus profond silence sur cette union mystérieuse?...

CLAIRE.

Jusqu'à ce que leurs femmes leur permettent de la déclarer. Ils croient toujours à de grands dangers si le mariage était trop tôt connu... aussi ont-ils compris qu'il ne fallait pas rentrer ensemble au château !... Nous les avons quittés au sortir des ermitages, pour nous rejoindre toutes trois au carrefour de la forêt.

YVON.

A merveille !

OLIVIER.

Plus d'obstacles, enfin !

HERMINE.

Oh! nous ne sommes pas encore sortis d'embarras... Il faut empêcher vos maris de se trouver sur notre chemin, lorsque nous irons à la chapelle... tout serait perdu !

OLIVIER.

Et pourquoi ne pas exécuter, aussitôt leur arrivée, ce qui avait d'abord été concerté entre nous?

HERMINE, à ses cousines.

Vous connaissez notre plan ?...

CLAIRE.

Oui, nous savons tout.

HERMINE.

Eh bien! alors, chacune de vous va se retirer dans la chambre qu'elle habite lorsqu'elle vient au château, et elle y retiendra son mari jusqu'à notre retour de la chapelle.

CLAIRE.

Oui, mais ce n'est pas facile... Que leur dire?.. nous les connaissons si peu !...

CHANT.

HERMINE.

De les captiver, de leur plaire,
Apprenez le meilleur moyen :
Flattez leurs goûts, leur caractère,
Pour prolonger cet entretien !

OLIVIER et YVON, aux trois cousines.

Écoutez bien !

CLAIRE, ÉGLANTINE et YOLANDE.

Écoutons bien !

HERMINE, à Églantine.

De ton mari, ma chère,
Je connais le penchant ;
A tout son cœur préfère
Et le luth et le chant.

Il faut le séduire
Par de doux accens,
Que ta voix soupire
Nos refrains touchans...
Puis, qu'elle répète
Nos gais fabliaux,
Ou la chansonnette
De nos pastoureaux.
Ah! ah! ah! ah!

(A Claire.)

Ton époux a l'humeur guerrière...
Ne lui parle que de combats,
Et dis-lui que dans la carrière
Tu voudrais suivre nos soldats.
Dis-lui bien que ton cœur s'enflamme
En voyant brillans escadrons,
Et que rien ne vaut, pour ton âme,
La voix sonore des clairons...
En avant, braves escadrons!
Sonnez, sonnez, nobles clairons!..

(A Yolande.)

Je dois le dire sans feintise,
Ce qui captive ton mari,
C'est le péché de gourmandise...
Il faut le flatter aujourd'hui !..
Tu sais la recette
De mets délicats ;
Grâce à toi, s'apprête
Le meilleur repas !
La table est servie
Le soir, le matin,
Et toute la vie
Est un gai festin !
Vive un gai festin !

YVON, qui a regardé au fond.

Mais les voilà... je les vois... les voici...

TOUTES TROIS, avec frayeur.

Mon mari !

HERMINE.

Allons, confiance et courage
Bientôt, chacun d'eux, trans. por
Bénira son heureux partage,
En apprenant par vous la vérité.

ENSEMBLE.

HERMINE, OLIVIER, YVON, à chacune des cousines.

Ah! pour qu'à l'instant on vous aime,
De l'adresse, et n'oubliez rien !
Grâce à notre heureux stratagème,
Oui, j'en réponds, tout ira bien.

LES TROIS COUSINES.

Ah! pour qu'à l'instant on nous aime,
De l'adresse, et n'oublions rien...
Grâce à cet heureux stratagème,
Je l'espère, tout ira bien.

(Claire, Yolande et Églantine entrent chacune dans une chambre différente. Aussitôt après paraissent au fond Richard, Allard et Renaud.)

OLIVIER, à Hermine.

Les voici...

SCÈNE V.

YVON, OLIVIER, HERMINE, ALLARD, RENAUD, RICHARD.

OLIVIER.

Eh! arrivez donc, mes bons frères !.. Oui, oh! oui, je peux vous donner ce titre, maintenant que je suis marié...

ALLARD, étonné.

Tu es marié... déjà?

OLIVIER.

Oui, mes amis, et ma femme sait tout, (Montrant Hermine.) ainsi que cette noble damoiselle.

ALLARD, à part et très surpris en envisageant Hermine.

Ma femme !

RICHARD, de même, à part.

Ma femme !

RENAUD, de même, à part.

Ma femme !

OLIVIER.

Son amie, que nous avons mise dans la confidence.

ALLARD.

Ah ! Madame est l'amie...

OLIVIER.

Et la plus proche parente de ma femme !..

ALLARD.

Vraiment ! j'en suis enchanté !

RENAUD, à part.

Comme cela se rencontre !

RICHARD, à part.

C'est à merveille !

OLIVIER, à ses frères.

Mais, que je vous présente, Messeigneurs.

ALLARD, à part.

Il va me présenter à ma femme ! c'est drôle !

OLIVIER, prenant la main d'Allard et le présentant.

Sire Allard Aymon, mon frère !

ALLARD, passant près d'Hermine et saluant profondément.

Noble dame, permettez-moi de vous offrir...
(A voix basse.) Peut-on parler ?

HERMINE, bas, et vivement.

Moins que jamais.

ALLARD, bas.

N'en parlons plus !

(Il s'éloigne.)

OLIVIER, à Hermine.

Sire Renaud !..

RENAUD, saluant.

Souffrez qu'à mon tour... (Il s'incline et ajoute à voix basse.) Peut-on déclarer ?..

HERMINE, bas.

Nous serions perdus !

(Renaud s'éloigne.)

OLIVIER, à Hermine.

Sire Richard !

RICHARD.

Madame, je m'estime heureux. (Il salue, puis il ajoute à voix basse.) Faut-il encore se taire ?

HERMINE.

Silence, au nom du ciel !

(Richard s'éloigne et va rejoindre Allard et Renaud.)

ALLARD, à Renaud et à Richard.

Que pensez-vous de cette dame ?

RICHARD.

Charmante !

RENAUD.

Divine !..

ALLARD.

On ne serait pas malheureux d'être son mari, hein ?

RICHARD.

Ce serait un grand bonheur.

RENAUD.

Un heureux destin !

ALLARD, avec fatuité.

Eh bien ! ça me fait plaisir que vous pensiez ainsi !

RENAUD, de même.

Je suis enchanté de vous voir tous deux de mon avis.

RICHARD, de même.

Pas plus que moi, je vous le jure.

OLIVIER, qui causait bas avec Hermine et Yvon. Maintenant, agissons ! (A ce moment on entend à l'extérieur un air de danse.) Justement, le bal continue, nous avons encore un instant de liberté.

(La musique se fait entendre jusqu'à la fin de la scène. — A haute voix.) Allard !..

ALLARD.

Frère ?

OLIVIER.

Un mot.

ALLARD, allant à Olivier.

Volontiers !

YVON, à Renaud.

Mon noble sire, j'aurais à vous parler.

RENAUD.

Je suis à toi, mon vieil ami.

HERMINE, à Richard qui s'est rapproché d'elle.

Vous pouvez nous rendre service.

RICHARD.

Disposez de moi, noble dame.

(Hermine et Yvon prennent chacun Richard et Renaud à part et les promènent en faisant lentement le tour du théâtre, tandis qu'Olivier et Allard restent sur le devant de la scène.)

OLIVIER, bas, à Allard.

A l'occasion de mon mariage, tu conçois, ma femme veut donner demain un festin splendide.

ALLARD, bas.

Un festin ! Charmante femme ! sans la connaître, je l'aime déjà !

OLIVIER, suivi d'Allard et commençant à se promener aussi.

Je lui ai parlé de ton talent, de tes connaissances profondes à cet égard, et elle veut s'entendre avec toi.

(Tout en continuant de parler à voix basse, ils gagnent lentement le fond du théâtre, tandis qu'Yvon et Renaud sont redescendus à l'avant-scène.)

YVON, bas, à Renaud.

Eh bien ! que pensez-vous de la surprise que nous voulons faire à messire Olivier ? une sérénade, la nuit, sur le lac ?

RENAUD.

Délicieuse idée !

YVON.

Qui n'appartient qu'à ma noble maîtresse...
Elle sait que vous êtes un de nos ménestrels les
plus renommés; elle aussi est passionnée pour
le chant et l'art si doux du gai-savoir !

RENAUD.

Je brûle de la connaître!

YVON, suivi de Renaud, et recommençant sa pro-
menade, tandis qu'Hermine redescend le théâtre,
accompagnée de Richard.

Elle m'a chargé de vous dire qu'elle vous at-
tendait.

HERMINE, à Richard.

Oui, pour mieux célébrer son hymen, votre
belle-sœur désire ouvrir un brillant tournoi !...
Oh ! c'est qu'elle à l'esprit le plus guerrier, le
plus chevaleresque !...

RICHARD.

Vraiment? Ah ! cela me prévient en sa fa-
veur.

HERMINE, se dirigeant lentement vers la porte de
la chambre où est entrée Claire.

Plus bas! Elle ne veut pas que messire Olivier se doute encore.... Elle connaît votre
science dans le noble métier des armes, et elle
voudrait causer avec vous pour tout comman-
der, tout organiser... (Montrant la chambre où est
Claire.) Elle est là.

OLIVIER, qui en ce moment se trouve avec Allard
devant la porte d'Yolande, à Allard.

Elle est là.

YVON, montrant à Renaud la porte de la chambre
d'Églantine.

Elle est là !

RENAUD, bas.

Fort bien !

RICHARD, bas.

J'y cours !

ALLARD, bas.

J'y vole !

(Tous trois entrent simultanément dans les cham-
bres de Claire, d'Yolande et d'Églantine.

SCÈNE VI.

HERMINE, OLIVIER, YVON.

(Ils se regardant et se mettent à rire.)

TRIO.

TOUS TROIS.

Ah ! ah ! ah !

OLIVIER.

C'est à merveille!

HERMINE.

Nous réunissons les époux!

YVON.

Sur vous la Providence veille!

OLIVIER.

Et nous pouvons songer à nous.

ENSEMBLE.

A la douce espérance
Livrons-nous
Livrez - vous sans retour;
Tout nous/vous promet d'avance
Un avenir d'amour.

Amis, frères, amans, le destin nous/vous rassemble,

Plus d'orage pour nous/vous.

Amis, frères, amans, voguons/voguez toujours ensemble,

Le trajet sera doux!

SCÈNE VII.

LES MÊMES, LE BARON DE BEAUMANOIR,
SEIGNEURS et VASSAUX.

CHŒUR.

Courons vite à la chapelle...
Un doux hymen les appelle ;
Deux des plus nobles maisons
Vont réunir leurs blasons,
Gloire, honneur au rejeton
De l'illustre duc Aymon !

(Beaumanoir, Hermine, Olivier et Yvon, suivis des
invités, se mettent en marche pour aller à la chapelle : à ce moment, Hubert entre vivement par le
fond.)

SCÈNE VIII.

LES MÊMES, HUBERT.

HUBERT.

Messire, maître Beaudriot demande à vous
parler à l'instant même...

HERMINE, OLIVIER, YVON, à part.

Tout est perdu !

HUBERT.

Ainsi qu'un envoyé du duc de Bretagne.

LE BARON.

Hein ?

HUBERT.

Qui a un message pressé à vous remettre...

LE BARON.

Un message de notre auguste suzerain !... à
moi !!... Quel honneur !... Qu'il vienne! qu'il
vienne !

HERMINE et OLIVIER, à part.

Que signifie?...

SCÈNE IX.

Les Mêmes, BAUDRIOT, L'ENVOYÉ DU DUC DE BRETAGNE, suivi de DEUX HOMMES D'ARMES.

BAUDRIOT, en entrant, avec joie, à part.

Rien n'est encore terminé... Grâce au ciel j'arrive à temps !

(L'Envoyé remet à Beaumanoir un rouleau de parchemin.)

LE BARON, ouvrant le rouleau.

Le duc de Bretagne... à moi !.. Voyons.

LE BARON, lisant.

« Baron, nous avons reçu l'avis respectueux »que vous nous avez donné, du mariage de votre »fille unique avec le jeune duc Aymon... » Je lui ai donné l'avis !.. C'est la première chose que j'ai oubliée... (A Yvon.) Qui donc a pu lui faire savoir ?..

YVON, bas.

Moi, en votre nom.

LE BARON, de même.

Vraiment ?.. Tu as eu là une excellente idée ! (Continuant de lire.) « C'est un grand honneur »pour vous de pouvoir réparer ainsi la ruine » d'une illustre maison !.. » (A Yvon, en souriant.) Il paraît que Son Altesse croit aussi qu'il est pauvre.

YVON, bas.

Apparemment.

LE BARON, lisant.

« Nous vous félicitons de votre générosité... » (A part, riant.) Ma générosité... c'est charmant ! (Lisant.) « Et nous donnons notre haute appro- »bation à ce mariage... » (A tout le monde.) No- tre haute approbation !.. (Avec orgueil.) Hein ? vous l'entendez !

BAUDRIOT, s'avançant.

Mais, Seigneur... si vous saviez... Vos trois nièces...

LE BARON.

Laissez-moi donc ! je suis là avec le duc de Bretagne... (Lisant.) « Quant à vos trois nièces, »nous avons été instruit aussi de l'infâme com- »plot tramé pour les dépouiller de leur légitime »fortune... » (A part.) Aïe ! aïe !.. (Haut, lisant.) « Et nous vous savons gré d'avoir repoussé, »comme devait le faire un loyal gentilhomme, »les honteuses propositions qui vous ont été fai- »tes à cet égard. » (A part.) Qu'est-ce à dire ?..

BAUDRIOT, à part.

Mais, c'est une trahison !

LE BARON, lisant.

« Nous applaudissons également au parti que »vous avez pris de marier ces trois jeunes héri- »tières aux trois frères du sire Aymon... » (A Yvon.) Quant à cela, ce serait difficile, puisqu'ils sont morts.

YVON, avec bonhomie.

Son Altesse a peut-être appris qu'ils ne l'é- taient pas.

LE BARON, bas, à Yvon, avec menace.

Ah! maître Yvon !.. je commence à compren- dre...

YVON, lui montrant la lettre du duc.

Il y a encore quelque chose...

LE BARON, lisant.

« Quant à l'infidèle majordome des Juvigny, »nous ordonnons, sur votre demande... »

BAUDRIOT, alarmé.

Quoi? qu'avez-vous demandé ?..

LE BARON.

Vous allez le savoir... (A part.) Et moi aussi... (Haut, lisant.) « Nous ordonnons, sur votre de- »mande, qu'il soit immédiatement remis à nos »hommes d'armes, et traduit en justice. »

(Sur un signe de l'Envoyé, les deux hommes d'ar- mes sont venus se placer à côté de Baudriot.)

BAUDRIOT, avec fureur.

Comment ! c'est vous ?..

LE BARON.

C'est l'ordre du duc de Bretagne.

L'ENVOYÉ, aux hommes d'armes.

Qu'on l'emmène !..

BAUDRIOT.

Quelle horreur !..

(Baudriot est emmené par les hommes d'armes.)

LE BARON, abasourdi, à part.

Je ne sais plus où j'en suis !..

HERMINE, s'approchant du baron, et en souriant.

Quelle heureuse et honorable journée pour vous, mon père!

LE BARON.

Tu crois ?.. Au fait, c'est possible... Tu ne te doutais pas de tout cela, n'est-ce pas, mon en- fant ?.. Voilà pourtant comme je suis... Et si mes nièces étaient ici...

SCÈNE X.

Les Mêmes, ÉGLANTINE, YOLANDE, CLAIRE et LES QUATRE FRÈRES.

FINAL.

HERMINE, montrant ses cousines.

Les voilà toutes trois, mon père.

LE BARON.

Est-il possible ?.. Ah! j'en suis enchanté!

(A part.)

Mais, c'est un guet-apens !..

LES TROIS NIÈCES, s'avançant.

Pour nous, que de bonté !

LE BARON, montrant les trois frères.

Et ces jeunes seigneurs ?..

OLIVIER.

Chacun d'eux est mon frère!

HERMINE.

Et le projet par vous seul concerté,
Ils l'ont d'avance exécuté.

LE BARON.

Quoi! mariés!..

HERMINE.

Comme cela se trouve!
C'était votre vouloir, et le prince l'approuve.

LE BARON, avec une gaîté forcée.

Oui, c'est très bien!..

(A part.)

J'étouffe!

(Haut, à l'Envoyé.)

Au prince, notre maître,
Allez, Messire, allez faire connaître

Que le ciel comble tous mes vœux!

(A part.)

Ah! si je n'en meurs pas, je serai bien heureux!

(A cet instant, tous les vassaux sont entrés au fond;
ils sont groupés sur la colline, avec des bannières, des guirlandes des torches allumées. Des fanfares partent de tous côtés, et l'on entend le son des cloches.)

CHŒUR GÉNÉRAL.

Honneur et gloire
Aux quatre fils Aymon!
Que leur mémoire
Soit toujours en renom!
Honneur et gloire
Aux quatre fils Aymon!

FIN.

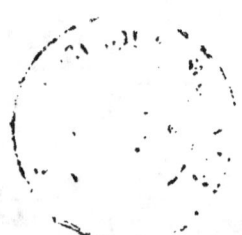

NOTE ESSENTIELLE. — La mise en scène de cette pièce, telle qu'elle est réglée au théâtre royal de l'Opéra-Comique, a été transcrite par M. PALIANTI, et fait partie de la collection des mises en scène publiées par la *Revue des Théâtres*.

Imp. de Mᵐᵉ DE LACOMBE, r. d'Enghien, 12.

www.ingramcontent.com/pod-product-compliance
Lightning Source LLC
Chambersburg PA
CBHW030124230526
45469CB00005B/1780